Douglas E. Harding

Die Welt-
religionen

*Ein kleines Handbuch
für Aufgeschlossene*

Lüchow

Titel der englischen Ausgabe:
Religions Of The World. A handbook for the open-minded
© Copyright 1995 by D. E. Harding
Published in England by Head Exchange Press

**Übersetzung aus dem Englischen von
Dr. Henning von der Osten**

Die Deutsche Bibliothek – CIP-Einheitsaufnahme

Harding, Douglas:
Die Weltreligionen: ein kleines Handbuch für Aufgeschlossene /
Douglas E. Harding. [Übers. aus dem Engl. von Henning von
der Osten]. – 1. Aufl. – Freiburg i. Br.: Lüchow, 1997
    Einheitssacht.: Religions Of The World <dt.>
    ISBN 3-925898-71-9

2. Auflage 2000
© Copyright der deutschen Ausgabe 1997
by Verlag Alf Lüchow, Freiburg i. Br.
Alle Rechte vorbehalten

Umschlaggestaltung: Peter Krafft Designagentur, Bad Krozingen
Lektorat: Ursula Böhme, Freiburg
Korrektur: Werner Biedenkopf, Essen
Satz: Fotosetzerei G. Scheydecker, Freiburg i. Br.
Druck und Bindung: Freiburger Graphische Betriebe
Gedruckt in Deutschland
ISBN 3-925898-71-9

INHALT

5

VORWORT

Ein Forscher aus dem äußeren Weltraum, der zufällig auf unseren Planeten träfe, könnte leicht auf die Idee kommen, daß wir an einer schlimmen und äußerst rätselhaften Krankheit mit erstaunlich vielen Symptomen leiden. Sie veranlaßt einige von uns, zahlreiche unserer Mitmenschen zu verbrennen, abzuschlachten oder zu bombardieren. Andere von uns bringt sie dazu, sich selbst zu foltern, ihre eigenen Körper zu verstümmeln, einen Arm so lange hochzuhalten, bis er verkümmert, beinahe bis zum Tode zu hungern oder auf der höchsten Säule, die zu finden ist, zu hocken. Die Liste der Symptome, von den harmlosen zu den schrecklichen, ist endlos. Und die Krankheit ist tief verwurzelt, endemisch und so alt wie die Spezies. Ein Zeichen von Besserung oder Heilung im Laufe der Zeit gibt es nicht. Eher das Gegenteil.

Der Name dieser Krankheit ist Religion.

Einer der Gründe für die Virulenz der Bakterie oder des Bazillus scheint der zu sein, daß sie mehrere antithetische Formen annehmen, die sich gegenseitig bekämpfen. Der unglückliche Patient – nämlich unsere Gattung – ist das davon befallene Schlachtfeld dieses unendlich langen Kampfes.

Unter den verschiedenen Heilmitteln, die vorgeschlagen wurden, ragen drei heraus. Wir wollen sie Zweifel, Bekehrung und Integration nennen.

1. Mit Zweifel meine ich einen durchgehenden und atheistischen Skeptizismus, der darauf abzielt, den Bazillus in all seinen Formen mit dem Skalpell der Vernunft mitsamt der Wurzel auszureißen. Mit welchem Ergebnis? Obwohl es seit wenigstens 3000 Jahren vorhanden und energisch ausprobiert worden ist, zeigt dieses Heilmittel keinerlei Anzeichen von Erfolg. Und selbst wenn es

das täte, würde es der Menschheit dann bessergehen? Oder schlechter? Das Problem besteht darin, daß mit der Krankheit etwas wie ein Hormon, genannt Sinn, unlösbar verbunden ist, ohne daß der Patient sich einfach zusammenkringeln und sterben würde. Ein Leben, das durch die Krankheit Religion – ein beabsichtigter Zustand, wenn es je einen gab – rätselhaft wurde, erscheint immer noch besser als eine sinnlose Existenz, die überhaupt kein Leben ist.

2. Das zweite mögliche Heilmittel ist die Bekehrung. Obwohl immer populär, erscheint sie sogar noch weniger vorzukommen und zu funktionieren als das erste. Die verzweifelte Hoffnung besteht darin, daß eine Form des Bazillus – natürlich die eigene Religion! – durch Überzeugung oder Gewalt, oder irgendeine Kombination beider, über den Rest triumphieren wird. Aber da liegt wieder der Haken. Selbst wenn eine bestimmte Religion gewinnen würde, könnte kein Frieden folgen. Ihre Sekten würden mit Sicherheit den Krieg fortsetzen. Tatsächlich waren die Konflikte zwischen den Sekten einer Religion ebenso andauernd wie die Konflikte zwischen Religionen.

3. Das dritte Heilmittel nenne ich Integration. Das wird in diesem Buch vorgeschlagen. Die Vorstellung dabei ist, daß wir – magisch, wenn Sie wollen – diesen pathologischen Zustand in einen wunderbar gesunden Zustand wenden können. So daß die sich bekriegenden Formen des Bazillus Frieden erklären können, indem jede ihre besonderen Geschenke beisteuern kann, und was ein Menschheitsfluch war, Segnung wird. Mein Ziel hier ist aufzuzeigen, daß jede der großen Weltreligionen ein notwendiges Organ der Religion als Ganzes ist, dieses lebendigen Organismus, der absolut unteilbar ist. Und weiter, daß unsere intensive Wahrnehmung dieser Tatsache ein Meinungsklima erzeugt, in dem die einzige Art, die scheinbar nicht übereinstimmenden Töne, die die großen Religionen erzeugen, zu harmonisieren darin besteht, sorgfältig auf das zu hören, was jede wirklich sagt. Wenn wir nur das tun, sage ich, werden wir eine wahrhaft göttliche Musik hören.

Zuviel verlangt, sagen Sie vielleicht. Was in aller Welt sind die Chancen, daß diese dritte »Kur« wirken sollte?

Ich erwidere: Das Entscheidende ist, daß es in Ihnen und für Sie, meine LeserInnen, und für mich wirkt. Der Grund ist, daß Sie und ich mehr sind, als wir mit unserem Ich sehen können. Wenn jemand von dieser Krankheit geheilt wird, dann nicht als einzelner Patient. Wenn Sie nämlich sehen, wer Sie wirklich, wirklich sind, und diese integrale Religion die Geschichte dieser wahren und super-individuellen Identität erzählt, dann ist es »Wer-Sie-sind«, der das Sehen in unser aller Namen macht. Dann können Sie nicht verhindern, daß Ihre Sichtweise sich über die ganze Welt ausbreitet.

Aber das heißt vorgreifen. Nehmen Sie dieses kleine Buch als Einladung in das Abenteuer Ihres Lebens, und Sie werden genau sehen – Sie werden Sein –, was es bedeutet und was ich meine.

D. E. Harding,
Suffolk, England,
April 1995

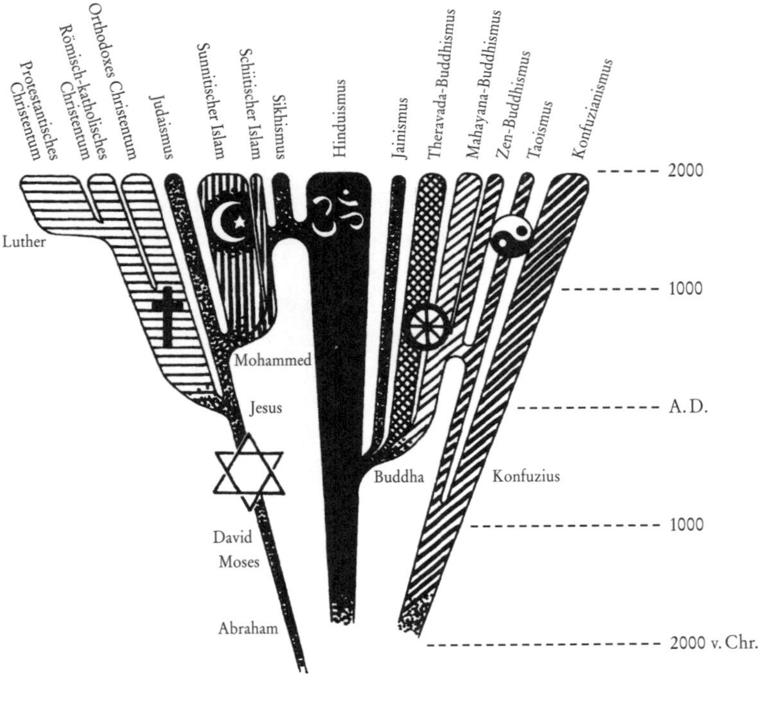

Protestantisches Christentum
Römisch-katholisches Christentum
Orthodoxes Christentum
Judaismus
Sunnitischer Islam
Schiitischer Islam
Sikhismus
Hinduismus
Jainismus
Theravada-Buddhismus
Mahayana-Buddhismus
Zen-Buddhismus
Taoismus
Konfuzianismus

Luther

Mohammed

Jesus

David
Moses

Buddha

Konfuzius

Abraham

- - - - 2000

- - - - - - 1000

- - - - - - A.D.

- - - - - 1000

- - - - - 2000 v. Chr.

10

DIE WELTRELIGIONEN
AUF EINEN BLICK

Die Karte zeigt den Teil der Welt, in dem die großen Religionen entstanden und wuchsen. Die Schraffierung eines Gebietes bezeichnet grob die Religion, die derzeit dort vorherrscht. Aber in manchen Ländern konkurrieren zwei oder mehrere Religionen um den bestimmenden Einfluß. In anderen (z. B. China) wurden alle traditionellen Religionen eingeschränkt oder teilweise abgeschafft.

Das Diagramm, das die Zeitdimension dazufügt, zeigt ungefähr, wie die großen Religionen verwandt sind: es ist ihr Stammbaum, an dem es manche Zweige gibt, die in diesem Buch nicht betrachtet werden. Von links nach rechts haben wir die protestantischen Sekten des Christentums (tatsächlich geht ihre Zahl in die Hunderte), ihren Urahnen, den Katholizismus, und die Ost- oder Orthodoxe Kirche Griechenlands und Rußlands, die sich endgültig um das Jahr 1000 n. Chr. von der West- oder Römischen Kirche abspaltete. Der Judaismus ist nicht nur die Quelle des Christentums, sondern auch in geringerem Maße des Islam. Sikhismus, die Religion der bärtigen Sikhs Nordindiens, ist ein ziemlich junger Seitenzweig des Islam und Hinduismus. Jainismus ist ein alter Zweig des Hinduismus, in vielen Beziehungen dem Buddhismus ähnlich und im gleichen Zeitraum entstanden. Zen ist ein Zweig des Mahayana-Buddhismus und auch des Taoismus. Und in China haben bis vor kurzem der Buddhismus, der Taoismus und Konfuzianismus Seite an Seite geblüht.

11

»Seine Heilige Majestät der König zollt den Menschen aller Sekten Verehrung, ob Asketen oder Bürger, durch Geschenke und verschiedene Formen der Reverenz ... Die Sekten anderer Völker verdienen alle Verehrung aus diesem oder jenem Grunde ... Einer, der seine eigene Sekte verehrt, während er die Sekten anderer verachtet, allein aus der Zugehörigkeit zu seiner eigenen, mit der Absicht, den Ruhm seiner eigenen zu erhöhen, verursacht in Wirklichkeit durch dieses Verhalten die schwerste Verletzung seiner eigenen Sekte. Eintracht ist deshalb verdienstlich, nämlich das Horchen, und zwar das bereitwillige Horchen auf das Gesetz der Ehrfurcht, wie es von anderen Menschen akzeptiert wird.«

Ashoka, Kaiser von Indien (ca. 270–230 v. Chr.)

»Du siehst nur das Trennende und Unterscheidende; ich aber sehe dahinter das Gemeinsame und Einende und erkenne, daß die Wege aller Religionen zum gleichen Ziel führen. Darum bejahe und liebe ich sie alle. Du vernimmst in den Lehren der Religionen nur den Laut der sich schließenden Pforte zur Ewigkeit; ich aber höre in allen den Laut der sich öffnenden Pforte.«

Rumi

1 WARUM RELIGIONEN STUDIEREN?

DIE ABSICHT DIESES BUCHES

Die Absicht dieses Buches besteht darin, dem Leser die Hauptreligionen der Welt nahezubringen. Es ist ein kurzes Buch, deshalb muß es sich auf sieben oder acht der größten Religionen beschränken und die anderen außer acht lassen (von denen manche dennoch sehr faszinierend und wichtig sind). Außerdem muß es sich auf die wirklich wesentlichen Lehren und Bräuche jeder großen Religion beschränken und die meisten der nebensächlichen Überzeugungen und bildhaften Bräuche und Aberglauben, die im Laufe der Jahrhunderte entstanden sind, weglassen. Mit anderen Worten, wir werden uns nicht viel mit der populären Religion beschäftigen, sondern statt dessen versuchen, zu den »höchsten« oder fundamentalsten Einsichten vorzudringen, von denen sie sich herleitet. Das sollte sich für uns im täglichen Leben als hilfreicher und wirklich interessanter (wenn auch möglicherweise weniger unterhaltsam) erweisen als jeder Versuch, die Vorstellungen und Gewohnheiten durchschnittlicher Kirchgänger in verschiedenen Teilen der Welt zu beschreiben. Diese Studie betreiben wir ernsthaft und praktisch und nicht bloß neugierig, um das Privatleben anderer Menschen zu betrachten. Gleichzeitig sollten wir nicht vergessen, daß unser Bild vereinfacht. Religion ist mit allen anderen Aspekten des Lebens verbunden; die konkreten, täglichen Tatsachen sind wirklich sehr verworren. Und gewiß ist die höchste Art Religion niemals das Gewöhnliche.

WAS RELIGION IST

Bevor wir irgendeine Religion ansehen, wäre es gut, kurz zu betrachten, was Religiosität ist und was sie nicht ist. Obwohl wir am Schluß des Buches zweifellos in einer besseren Position sein werden, diese Fragen zu beantworten, lohnt es sich schon hier, einen Versuch zu machen.

Was meinen wir, wenn wir sagen: »Hans ist wirklich religiös und Marie ist es nicht.« Ich meine, daß Hans eine Vorstellung hat – tatsächlich eher ein Gefühl als eine Vorstellung – einer Kraft oder Intelligenz, die unendlich mehr als menschlich ist, und die seine Treue, seinen Gehorsam, seine Anbetung und vielleicht seine Liebe verlangt. Es genügt Hans nicht, ein zufriedener junger Mann zu werden, eine nette Familie zu haben, im Beruf erfolgreich zu sein, seine Freizeit zu genießen und sich anständig zu benehmen; nein, er muß all diese guten Eigenschaften in einen Rahmen totaler und universeller Bedeutung bringen: Er muß jedes bißchen seines menschlichen Lebens in Beziehung zu irgendeinem riesigen, übermenschlichen Leben setzen, um sich als Teil eines großen oder allumfassenden Ganzen zu fühlen oder sogar irgendwie eins mit dem Ganzen. Also tut er sein Bestes (was wenig oder viel sein mag), um im Kontakt mit diesem Göttlichen zu bleiben, und diese Bemühung schließt gewöhnlich bestimmte Handlungen der Anbetung ein, durch die (behauptet er) Trost und Stärke zu ihm kommen, wenn er seine Verbindung zu dem Göttlichen erneuert.

Das ist, mehr oder weniger, was wir meinen, wenn wir sagen, daß Hans wirklich religiös ist. Und wenn wir sagen, Marie ist nicht wirklich religiös, meinen wir, daß all das keinen Eindruck auf sie macht; sie teilt die Gefühle von Hans überhaupt nicht. Vielleicht glaubt sie vage an die Existenz eines übernatürlichen Wesens, aber nicht so viel, daß sie damit in Berührung kommen möchte und gewiß nicht so viel, um es zum Zentrum zu machen, um das ihr ganzes Leben kreist. Schon jetzt sehen Sie vielleicht sich selbst als Hans, der religiös ist, oder als Marie, die das überhaupt nicht ist, oder wahrscheinlicher als eine Mischung beider.

Aber ziehen Sie nicht zu schnell Schlüsse. Einige Spielarten wahrer Religiosität sehen überhaupt nicht so aus, und manche Spielarten des Unglaubens, der Gottlosigkeit – tatsächlicher Atheismus – sehen erstaunlich religiös aus, sogar für den Praktizierenden selbst. Es braucht in der Tat ein gut Teil ehrlicher Selbsterkenntnis, um herauszufinden, wie religiös oder unreligiös man wirklich ist. Dieses Buch könnte dabei helfen.

RELIGION IST NICHT DAS GLEICHE WIE GUTSEIN

Wir wollen versuchen, Klarheit darüber zu bekommen, was Religion nicht ist. Zum ersten: Sie ist nicht Moralität. Es geht nicht um Gutsein oder um Gutes-Tun. Viele Atheisten waren außerordentlich tugendhafte Menschen, und viele echt religiöse Menschen waren außerordentlich bösartig. Das bedeutet nicht, daß Religion nicht an unserem Verhalten interessiert wäre. Natürlich ist sie das. In der Tat fügt die Religion dem Übeltäter eigene viel härtere Strafen zu, als die Natur und die Gesellschaft es tun. Wichtiger noch, bösartiges Verhalten – sogar gewöhnlicher, respektabler Egoismus – bringt die Beziehung eines religiösen Menschen mit dem Göttlichen durcheinander und ist geeignet, ihn schwach, einsam und elend zu machen. Dennoch ist Religion keine Sache des äußeren Handelns, sondern der inneren Haltung, aus der sich unser Verhalten ergibt. Zum Beispiel können Hans und Marie genau das gleiche auf die gleiche Weise tun (so wie ihr Leben geben, um einen Ertrinkenden zu retten), aber die innere Einstellung ist ganz anders. Marie handelt aus einem Gefühl der gesellschaftlichen Pflicht heraus oder auch aus humanitärem Mitgefühl, Hans dagegen handelt vielleicht aus einem Motiv heraus, das Marie nichts bedeutet – aus einer Liebe zu Gott, die notwendigerweise Liebe zu allen Geschöpfen Gottes ist, oder sogar aus Identifikation mit ihnen. Hans fühlt, daß er der Ertrinkende *ist*.

RELIGION IST NICHT DAS GLEICHE
WIE AN GOTT GLAUBEN

Das Wort »Gott« bringt mich zu dem zweiten Fehler, den Leute gern machen: daß nämlich Religion notwendigerweise den Glauben an eine persönliche Gottheit beinhaltet oder überhaupt an irgendeine Art Gott. Für Millionen frommer Buddhisten ist es (beispielsweise) nicht so. Es gibt ja tatsächlich überall tief religiöse Menschen, die keinen Gott anerkennen, der dem christlichen Himmlischen Vater ähnelt. Wir müssen bereit sein, zu erkennen, daß die Vorstellungen anderer von Göttlichkeit so stark von unseren abweichen, daß wir dazu neigen, sie als Heiden abzutun. Und doch kann deren Glauben ebenso tief sein wie unserer oder sogar noch tiefer. Wir würden unsere Zeit verschwenden, wenn wir Religionen mit der Überzeugung studieren würden, daß wir Gott kennen und Menschen mit anders pigmentierter Haut und fremden religiösen Bräuchen das nicht tun.

Eine der universellsten religiösen Intuitionen ist ja sogar ein sehr deutliches Gefühl unserer Unkenntnis des Göttlichen, ein Gefühl, daß die Existenz total geheimnisvoll ist, eine Überzeugung, daß die letzte Wirklichkeit oder Quelle absolut unbekannt sein muß und daß über sie wirklich nichts gesagt oder gedacht werden kann. Statt also vergeblich das Mysterium in eine glatte theologische Formel zu pressen, müssen wir – bescheiden staunend und bewundernd – zufrieden sein. Wenn auch Sie so fühlen, wenn Sie Ihr eigenes Sein und die Existenz von überhaupt irgend etwas finden, ein Wunder, das praktisch unmöglich war, aber irgendwie passierte und überraschender war, als sich sagen läßt, dann sind Sie ganz nah am Kern religiöser Erfahrung und stellen dabei vielleicht fest, daß Sie dann nicht mehr ausschließlich in einer bestimmten religiösen Tradition verbleiben können. Auf der allerhöchsten Ebene (sagen die Weisen, die großen spirituellen Lehrer) ist religiöse Erfahrung nicht mehr die Kenntnis von irgend jemand oder irgend etwas, sondern das Wissen, daß man eigentlich nichts kennt – ein Zustand des Staunens, der Offenheit und Klarheit, der für den Außenstehenden nur noch als blanke Leere erscheint.

RELIGION IST NICHT DAS GLEICHE
WIE IN DIE KIRCHE GEHEN

Religion beinhaltet nicht notwendigerweise, regelmäßig in die Kirche, die Moschee, den Tempel zu gehen oder einer Organisation anzugehören oder irgendeine Art Ritual zu verrichten. Es stimmt, daß die meisten religiösen Menschen diese Dinge tun, aber das tun auch viele Menschen, die nicht religiös sind, aus reiner Konvention. Sie passen sich äußerlich bestimmten Gewohnheiten an, aber ihr Inneres, ihre innere Haltung ist überhaupt nicht religiös.

Denn im Grunde bedeutet Religion, religiöse Erfahrung, ein lebendiges Bewußtsein von etwas, das mehr als nur menschlich ist, das die eine Quelle und Bestimmung unseres Lebens ist und es davor bewahrt, trivial und vergänglich zu sein, wie es erscheint. Wenn Sie sich dieses Bewußtseins erfreuen, werden Sie sofort wissen, was ich meine, obwohl keiner von uns es zutreffend beschreiben kann. Andernfalls wird nichts, was ich sagen könnte, es in Ihnen hervorrufen. Es muß auf seine Weise und in seiner Zeit aus Ihrem Inneren kommen. Es kann sein, daß dieses Buch diese Seite in Ihnen erweckt. Ich persönlich glaube nicht, daß ein intelligenter Mensch völlig ohne religiöses Gefühl ist, obwohl gewiß die meisten von uns im modernen Westen das übersehen oder fast ständig unterdrücken.

RELIGION UND WISSENSCHAFT

Einer der Gründe für diese gegenwärtige Gleichgültigkeit, insbesondere in Europa und Amerika, ist, daß die moderne Wissenschaft (die in mancher Hinsicht selbst eine Art populärer Religion geworden ist) scheinbar die meisten Dogmen des Christentums widerlegt. Es sieht so aus, als ob wir die Wahl hätten, in unserem Weltbild irreligiös zeitgerecht zu sein oder um mehrere Jahrhunderte unmodern religiös zu sein. Und für viele intellektuelle Menschen scheint die erste die einzig ehrliche Alternative zu sein. Sie finden, daß Wissenschaft und Christentum nicht zusammenpassen, weshalb sie die Wissenschaft wählen – oft bedauernd, mit vielen wehmütigen Blicken zurück auf den einfachen Glauben ihrer Kindheit. Im Ablehnen des Christentums zugunsten der Wissenschaft (oder, um es genauer zu sagen, ihrer Vorstellung des Christentums zugunsten ihrer Vorstellung der Wissenschaft) neigen die meisten dazu, die Religion ganz abzulehnen. Das ist ganz unlogisch und unnötig. Denn das Christentum ist nicht die einzige große Religion; es gibt ältere, ebenso gut erprobte Bekenntnisse, die sich unserer Betrachtung und Prüfung anbieten. Und das Bemerkenswerte dabei ist, daß sie sehr gut mit dem modernen wissenschaftlichen Denken zusammenpassen. Und das nicht, weil sie keine phantastischen Mythen oder unglaubwürdige Geschichten enthalten – ganz im Gegenteil –, sondern weil sie diese nicht zu wesentlichen Glaubensbestandteilen erheben; es ist sogar so, daß östliche Religionen von uns erwarten, nicht einfach zu glauben. Wir sollen innen nach aller Wahrheit suchen.

DAS FINDEN DER EIGENEN RELIGION

So kann es ja sein, daß der Unterschied zwischen dem »religiösen« Hans und der »nicht-religiösen« Marie doch nicht so groß ist. Und Maries Vorbehalt richtet sich nicht auf die Religion als solche, sondern gegen eine ihrer Formen – gegen das Christentum, so wie sie es bisher gekannt hat. Möglicherweise könnte sie in anderen Religionen, wie im Buddhismus oder im Hinduismus, finden, was sie braucht. Es könnte ja sein, daß diese für sie den Klang der Wahrheit haben, ohne von ihr zu verlangen, alles zu glauben, was sie offensichtlich unwahr oder unwahrscheinlich findet.

Denn nur weil ein Mensch in England oder in Amerika geboren wird, folgt heute nicht mehr unbedingt, daß er ein Christ sein muß, weder der Sache noch dem Namen nach. In steigendem Maß entdecken Westler in den letzten hundert Jahren, daß sie »natürliche« Buddhisten oder »natürliche« Hindus sind, mit einer viel lebendigeren Sympathie für östliche Traditionen als für ihre eigenen. (Es stimmt einfach nicht, daß kein Mensch aus seiner eigenen Gesellschaft oder seinem kulturellen Muster ausbrechen kann. Manche werden mit einer besonderen Begabung oder der Notwendigkeit, das zu tun, geboren, ja alle speziellen Traditionen hinter sich zu lassen.) Und manche, die ihr spirituelles Zuhause so weit von ihrem Heimatland gefunden haben, sind mit einem völlig neuen Verständnis und einer vollkommen neuen Fähigkeit, zu erkennen, was in ihm wesentlich ist, zum Christentum zurückgekehrt.

Ja, es ist so, daß diejenigen, die andere Religionen ernsthaft von innen und mit wahrer Anteilnahme studierten, herausgefunden haben, daß im großen und ganzen alle Religionen auf ihrer höchsten Ebene, in ihrer innersten Essenz, dasselbe sind – nur sozusagen in verschiedenen Stimmlagen. Unsere Aufgabe in jedem Kapitel dieses Buches wird es sein, diese zentrale Sache von verschiedenen Winkeln aus zu betrachten, so daß wir sie am Ende wenigstens lokalisiert haben und sie vielleicht spüren können. Wenn wir in der Zwischenzeit das beinahe Unmögliche versuchen und diese universelle, wesentliche, höchste Lehre in einen oder zwei Sätze bringen wollen, würde das etwa so klingen: »Es gibt die Eine Wirklichkeit, die unteilbar ist, das Eine, das All-Eine, die Quelle und das Sein von allem; keine Sache, noch sogar eine Denkweise, sondern reiner Geist oder klares Bewußtsein; und Das sind wir und nichts als Das, denn Das ist unsere wahre Natur; und der einzige Weg, Das zu finden, ist, unverwandt nach innen zu schauen, dorthin, wo tiefster Friede, nicht endende Freude und das ewige Leben selbst sind.«

Es stimmt: Um jede Religion herum hat sich eine so riesige und reichhaltige Sammlung von Geschichten, Lehren und Übungen geschart, manche populär, manche priesterlich, daß dieser zentrale Kern der direkten religiösen Erfahrung sehr leicht aus den Augen verloren und oft glatt verneint wird. Natürlich ist es hier, an den Rändern der Religion, auf diesen niederen Ebenen traditioneller Akkumulation, daß sich die großen Bekenntnisse enorm unterscheiden. Manche Kritiker behaupten sogar, die Religionen würden sich in einem solchen Maße widersprechen, daß sie sich gegen-

19

seitig total aufheben, und erklären den religiösen Instinkt als solchen daher für Unsinn. Aber diesen Kritikern geht es nicht um das Herz der Religion; denn wenn es so wäre, könnten sie herausfinden, daß das Erreichen des Zentrums irgendeiner Religion das Erreichen des Zentrums aller Religionen wäre.

Und doch bleibt es wahr, daß es wahrscheinlich eine Religion ist, die für uns unsere leichteste und direkteste Annäherung ist, unser natürlicher Weg in die Entdeckung unserer eigenen, wahren Natur. Wahrscheinlich finden wir heraus, daß eine bestimmte Tradition für uns den Schlüssel zum Mysterium unserer Existenz bietet und uns zeigt, wie wir im Licht dieses Zieles leben sollen.

Wenn wir mit offenem Verstand und Toleranz über die Glaubensbekenntnisse der Welt lesen, erhalten wir mit Sicherheit einige Hinweise auf unseren eigenen Weg. Dann nehmen wir nicht nur teil an den tiefsten Einsichten der größten Heiligen und Weisen der Welt, sondern werden auch – was wichtiger ist – unser eigenes wahres Selbst entdecken. Und sogar wenn wir uns am Ende gegen alle Religionen, außer unserer eigenen traditionellen, entscheiden, werden wir damit beginnen, sie klarer zu sehen als vorher.

DIE NOTWENDIGKEIT,
ANDERE RELIGIONEN ZU STUDIEREN

»Was kennen die von England, die nur England kennen?« fragt der Dichter. Ebenso könnten wir fragen: »Was kennen die vom Christentum, die nur Christentum kennen?« Die Antwort ist: tatsächlich sehr wenig. Wenn Sie ein überzeugter Christ sind und sicher sind, das zu bleiben, dann müßte Ihnen dieses Buch durch den Vergleich helfen, Ihre eigene Konfession zu schätzen und ernster zu nehmen. Natürlich steckt in Ihrem Wagemut, so weit in die Ferne zu schauen, ein gewisses Risiko. Es könnte sein, daß Sie einigen »heidnischen« Glaubensaspekten des Christentums begegnen, die übersehen oder unterdrückt waren. Vielleicht werden Sie sogar ganz aufhören, sich einen Christen zu nennen. (Nichtsdestoweniger war es der Gründer des Christentums selbst, der versprach, daß die *Wahrheit* uns frei machen würde, und gewiß ist eine Konfession, die sich nicht prüfen und mit anderen vergleichen läßt, kaum wert genug, behalten zu werden.) Am ernstesten ist da das Risiko, mit der Ablehnung der Religion Ihrer Kindheit alle Religion insgesamt abzulehnen. Na ja, wenn diese Ablehnung bedeutet, daß Sie aufhören vorzugeben, ein Christ zu sein und sich endlich Ihren Unglauben eingestehen (allerdings ohne sich weiteren Entdeckungen zu verschließen), dann kann wenigstens ich Ihnen gratulieren. Viele von uns müssen durch eine antireligiöse Phase gehen, bevor wir den Glauben, den wir nur geerbt haben, für den eintauschen, der wirklich unser eigener ist. Was den überzeugten Atheisten betrifft, vorausgesetzt er ist ehrlich und immer noch offen, sich eines Besseren belehren zu lassen (und nicht nur aus Prinzip antireligiös und ebenso abergläubisch wie irgendein religiöser Fanatiker), dann ist er sicherlich viel näher am Geist wahrer Religion als der Heuchler, der voller Freude Glaubensbekenntnisse rezitiert und Hymnen singt, von denen er kein Wort glaubt und nicht einmal im Traum danach handelt. Tatsächlich könnte man in einer spirituellen Religion im besten Falle eine höchst kompromißlose und aufrichtige Haltung gegenüber den letzten Dingen und besonders gegenüber sich selbst finden. Im Gegensatz dazu ist eine formale Religion im schlimmsten Fall (was natürlich nichts anderes ist als Antireligion, verkleidet in fromme Gewänder) die totale Unehrlichkeit gegenüber diesen Dingen. Und eines der wirksamsten Mittel, um zwischen dem Unehrlichen und Falschen und dem Ehrlichen und Wahren zu unterscheiden, ist unser vergleichendes Studium der Religionen. Sie können das, was in jeder anderen das Beste ist, bestätigen – Sie können aber auch das Schlimmste aufzeigen.

Aber es liegt bei Ihnen, zu Ihren eigenen Schlußfolgerungen aus erster Hand zu kommen, mit einem furchtlosen Fragewillen, dessen einziges Ziel das Entdecken der Tatsachen ist, auch wenn sie unbequem werden könnten. Meine Aufgabe ist es, so aufrichtig ich es kann, die Hauptlehren der großen Schriften und die religiösen Erfahrungen, die sie aufgeschrieben und verbreitet haben, zu beschreiben. Und Ihre Aufgabe ist es, zu entscheiden, wie wichtig sie für Sie persönlich sind. Es nützt nichts, mir abzunehmen, was ich sage oder was Ihre Freunde sagen oder was Ihr Pfarrer sagt, denn andere Leute werden Ihnen eine völlig andere Geschichte erzählen. Dabei unterscheiden sich die Experten ebensoweit voneinander wie die Amateure. (Tatsächlich sind die einzigen wirklichen Experten die erleuchteten Mystiker, die Heiligen und Weisen aller Religionen, und die stimmen, wie wir gleich sehen werden, erstaunlich überein – insoweit das, worüber sie im Einklang sind, beschrieben werden kann.)

RELIGION UND SELBST-ERKENNTNIS

Sie müssen sich entscheiden. Am Anfang mag es schwierig sein, Schlüsse zu ziehen oder den Sinn des ganzen mysteriösen Geschäfts zu erkennen. Wenn Sie aber kein Narr sind und etwas Lebendigkeit und Initiative in sich haben, dann wollen Sie sicherlich wissen, wer Sie wirklich sind und woher Sie kommen und wohin Sie gehen und welchen Sinn Ihr Leben für Sie haben kann. Wenn Sie nicht damit zufrieden sind, von Tag zu Tag zu leben, unreflektiert, beinahe wie ein Tier zu existieren, sondern statt dessen den Mut haben, in das erstaunliche Geheimnis Ihres Selbst zu blicken, wenn Sie noch leben und in der Lage sind, das zu tun, nun, in diesem Fall können Sie einfach nicht *versagen!* Schon allein diese vitale Frage »Wer bin Ich?« auch nur einmal, mit allem Ernst sich selbst gestellt zu haben, bedeutet, Ihr eigenes Leben entscheidend verändert und vielleicht einen Prozeß begonnen zu haben, der es von Grund auf revolutionieren wird. Am Anfang kann diese Suche merkwürdig und sogar beängstigend sein, aber sie wächst in Ihnen und kann bald zur zweiten Natur werden. Das ist die Stelle, in der Religion enorm helfen kann – oder behindern. Es gibt nur zwei Arten von Religion: Die erste entmutigt Selbsterforschung und verschafft Ihnen irgendeine fromme Formel, und die zweite führt Sie zu endloser Selbst-Entdeckung und Erforschung. Sie können die wählen, die Ihnen gefällt.

DIE NOTWENDIGKEIT ZU WÄHLEN

In jedem Fall ist so ungefähr das Wichtigste, was wir im Leben machen können, herauszufinden, was für uns wahre Religion ist und was unwahr ist oder sinnlos oder falsch. Weil das so ist, wie merkwürdig ist es dann, wenn wir einen neuen Hut oder einen neuen Schlips wählen, daß wir davon eine ganze Menge Aufhebens machen und nicht daran denken, den Artikel, den wir als ersten sehen, automatisch gleich zu kaufen. Wenn es aber zu den Glaubensartikeln kommt, die unser gesamtes Leben bestimmen, den religiösen Überzeugungen, die den Unterschied zwischen einem Leben mit und einem Leben ohne Sinn machen, dann nehmen wir den ersten, der uns angeboten wird, und schauen den Rest nicht einmal an. Beinahe alle Menschen, überall, übernehmen kritiklos den Glauben ihrer Eltern und Großeltern und geben ihn weiter. Das war in der Vergangenheit nur natürlich, es gab keine Vergleichsmöglichkeit mit anderen Religionen und oft nicht einmal das Bewußtsein, daß sie existierten. Heute aber, dank der Gelehrten, die alle wichtigen heiligen Schriften der Welt in unsere Sprache übersetzt haben, und der Religionsbeschreibungen, wie dieses Buch eine ist, haben wir die Wahl, und es wäre schade, sie nicht zu treffen.

Diese Fähigkeit (sie könnte sogar Verantwortung genannt werden), aus einem so riesengroßen Feld auswählen zu können, ist einer der großen Vorteile, jetzt zu leben, wo ein Mensch zum ersten Mal in der Geschichte wahrhaftig sich selbst die Weltbürgerschaft verleihen kann, und wenn es ihm gefällt, seine spirituellen Verwandten und Nachbarn praktisch an jedem Ort und jederzeit finden kann.

Das wirklich Großartige dieser neuen Gelegenheit ist nicht, daß sie mehr Wissen von der Natur des Menschen in all seiner Vielfalt oder von der wunderbaren Welt, in der wir leben, verspricht, sondern etwas weit Näheres und Entscheidenderes. Denn in den folgenden Kapiteln werden wir finden, daß religiöse Entdeckung nichts anderes als Selbst-Entdeckung ist, unterstützt von den größten spirituellen Meistern der Welt. Natürlich kann so ein

Unternehmen nicht leicht oder narrensicher sein, und es ist möglicherweise notwendig, Teile dieses Buches mehrere Male zu lesen, um sie zu verstehen. Aber wir müssen nicht schlau sein. (Tatsächlich ist es so, daß Intelligenz gewiß hilft, Schlauheit dagegen enorm behindern kann. Dieser Weg ist nicht für Schlauberger oder die Wissenden, sondern für einfachere Menschen, sogar für kindliche.) Wenn wir auch nur ein bißchen Aufgeschlossenheit, Aufrichtigkeit und Mut haben, werden wir finden, daß das Unterfangen sich lohnt und daß die Belohnung in keinem Verhältnis zu unserer Mühe steht.

Manche haben vom Selbst nie gehört, manche haben gehört und können Ihn nicht finden. Der, der Ihn findet, ist ein Weltwunder; Der, der Ihn erklärt, ist ein Weltwunder; Der, der Ihn von seinem Meister erbt, ist ein Weltwunder.

Die Weisen, die über Gott meditieren, ihre Gedanken konzentrieren, entdecken im Eingang der Höhle, tiefer in der Höhle, das Selbst, dieses uralte Selbst, schwer vorzustellen, noch schwerer zu verstehen, Pfad jenseits von Freude und Trauer.

Über der manifesten Natur, der nichtmanifeste Samen, über dem nichtmanifesten Samen, Gott. Gott ist das Ziel; jenseits von Ihm nichts. Gott gibt Sich nicht kund. Er ist jedermanns Geheimnis.

Der, der die tonlose, geruchlose, geschmacklose, unberührbare, formlose, todlose, übernatürliche, unverwesliche, anfangslose, endlose, unveränderliche Wirklichkeit kennt, springt aus dem Rachen des Todes.

Gott schuf die Sinne, die sich nach außen wenden: deshalb blickt der Mensch nach außen, nicht in sich selbst. Ab und zu hat eine wagemutige Seele, die Unsterblichkeit erlangen wollte, zurückgeblickt und sich gefunden.

Sage dem Verstand, daß da nur Einer ist. Der, der das Eine teilt, wandert von Tod zu Tod.

Er ist Einer, Herr, das Selbst aller, Schöpfer der vielen aus einem. Der, der wagt, Ihn innen zu entdecken, jubelt; was wagen andere zu bejubeln?

Er ist der Unvergängliche unter Dingen, die vergehen. Leben allen Lebens, Er, obwohl einer, befriedigt das Verlangen aller Menschen. Der, der wagt, Ihn innen zu entdecken, kennt Frieden; welcher andere wagt den Frieden zu kennen?

Kein Auge kann Ihn sehen, noch hat Er ein Gesicht, das gesehen werden kann, Er aber kann durch Meditation und durch Disziplin im Herzen gefunden werden. Der Ihn findet, betritt unsterbliches Leben.

aus der *Katha Upanishad* (ca. 700 v. Chr.)

2 HINDUISMUS, DIE RELIGION INDIENS

INDIEN VOR DEN ARIERN

Die Geschichte der großen Religionen beginnt in Indien mit der Morgendämmerung der Historie, rund zweitausend Jahre vor Christus. Diese riesige, heiße Halbinsel, die mehr ein Subkontinent als ein Land ist, erstreckt sich von dem schneebedeckten Himalaja im Norden zur tropischen Insel Sri Lanka im Süden. Sie war bewohnt von einer Vielzahl kleiner, dunkelhäutiger Menschen, manche in der Tat sehr primitiv, manche sehr zivilisiert, die in großen Städten wohnten. Die Mehrheit lebte wahrscheinlich ein seßhaftes Bauernleben irgendwo zwischen diesen kulturellen Extremen.

Über ihre Religion wissen wir wenig, das meiste davon ähnelt der Religion von Primitiven, die heute noch in entlegenen Teilen der Erde leben. Was soviel heißt, sie enthielt alle Arten von Regeln und Vorschriften, Riten und Zeremonien, die dazu dienten, auf der richtigen Seite sehr trickreicher Kräfte zu bleiben – zahllose unsichtbare Götter, Lokalgottheiten, Geister, Dämonen –, die für alles, was geschah, verantwortlich gehalten wurden, besonders für Krankheit, Unfälle und Katastrophen, Geburt und Tod, die Fruchtbarkeit des Bodens und der Herden. Zum Beispiel konnte es notwendig sein, den Geist des Großvaters zu beschwichtigen, indem ihm kleine, wohlschmeckende Brocken Nahrung unter einen bestimmten Baum gelegt wurden, weil es sonst Geschwüre oder Fieber bringen konnte. Dann konnte es notwendig sein, um die Regengötter an ihre Aufgabe zu erinnern, ein bißchen Wasser auf die Erde zu sprengen oder sogar ihnen zu Ehren eine der besten Ziegen zu opfern.

Diese ziemlich miserable »Versicherungs-Praktik« war jedoch nicht alles. Das ging zusammen mit wirklicher Verehrung der wertvolleren und universaleren Götter, die Gefühle der Dankbarkeit und Liebe inspirierten und deren geheimnisvolle Gegenwart an besonderen Orten, wie einem heiligen Berg oder Fluß, auch auf Festen und Feiern gefühlt werden konnte. Dazu kam – ohne Zweifel hat es das wenigstens zeitweise gegeben – ein Gefühl von Ehrfurcht und Staunen angesichts des totalen Geheimnisses, keine wohlüberlegte Unterwerfung unter eine Gruppe kleinlicher Tyrannen, von der man sich mit Geschenken freikaufen mußte oder denen man periodisch Schutzgeld zahlen mußte, nicht einmal Verehrung der großen Götter, die man kannte und bewunderte, sondern Ehrfurcht vor etwas Unbekanntem, das einen in den Zustand äußerster Demut und Unwissenheit versetzte. Meine eigene Vermutung ist, daß es seit der Entwicklung der menschlichen Sprache immer Männer und Frauen gegeben hat – und Kinder –, die diese Gegenwart gefühlt haben, die Sprache nicht in Worte fassen kann.

DIE ARIER UND IHRE GÖTTER

Jedenfalls wurde Indien um das Jahr 2000 v. Chr. überrannt. In dieses teilweise zivilisierte Land der Dschungel und Wüsten und der riesigen Flüsse Indus und Ganges strömten von Nordwesten, wo heute Iran und Afghanistan ist, Wellen größerer, hellerhäutiger, energischer, begabter, aber nicht sonderlich zivilisierter Menschen, die sich Arier und Edle nannten. Ihre Sprache, die als Sanskrit bekannt wurde, ist mit unserer nahe verwandt. Tatsächlich sind wir und sie Verwandte und gehören zur gleichen menschlichen Familie. Wenn wir uns daran erinnern, finden wir es vielleicht besser, mit ihren bemerkenswerten Vorstellungen und Gefühlen zu sympathisieren. Gewiß hatten sie einen Genius für religiöse Erfahrung und religiöses Denken.

Ohne Zweifel war viel ihres religiösen Verhaltens vom Typ der uralten »Versicherungs-Praktik« darauf gerichtet, die unsichtbaren

Kräfte zu befrieden, die hinter der Szene die Ereignisse auf ihre eigene, willkürliche Weise kontrollierten. Aber diese hellhäutigen Invasoren (die als Hindus bekannt wurden, als sie sich in Indien niederließen), verehrten auch große, kosmische Götter, so wie Agni, den Gott des Feuers, und Varuna, den Gott des Raumes (diese Sanskritnamen sind verbunden mit unseren Worten »ignite« [dt. entzünden] und Uranus, der Planet), Brahma der Schöpfer, Indra, der Gott des Regens und des Donners, Rudra, der Gott des Sturmes, und die Götter der Sonne, des Mondes, der Morgendämmerung, der Luft, des Wassers und so weiter.

Immer noch wurde es als notwendig empfunden, diese immens mächtigen Wesen zufriedenzustellen, indem ihnen auf die richtige Art Opfer gebracht wurden, um ein Feuer im Freien herum, und die Angehörigen eines besonderen Berufes (oder einer Kaste), die Brahmanen genannt wurden, dienten dieser Aufgabe. Die himmlischen Kontrolleure des Universums mußten durch den aufsteigenden Geruch der verbrannten Gaben und den süßen Klang der Lobeshymnen und der Dankbarkeit umschmeichelt, leise angestoßen und bestochen werden, damit das regelmäßige Aufgehen der Sonne sichergestellt wurde, der zeitgerechte Beginn des jährlichen Regens, die reiche Reisernte, eine Vielzahl von Kälbern und Lämmern, die Geburt gesunder Söhne, um den eigenen Namen zu erhalten. Diese Götter waren bemerkenswert menschlich in ihrem Verlangen nach Geschenken und Aufmerksamkeit – und in ihrer zerstörerischen Wut, wenn diese nachlassen sollten.

DIE VEDEN

Trotzdem war das weit mehr als eine Religion der Angst und Vorsicht. Sie brachte die Veden hervor, eine großartige Sammlung religiöser Poesie, bestehend aus Hymnen und Gebeten, die an die hohen Götter gerichtet sind. Zusätzlich zu den gebräuchlichen frommen Bitten ist vieles dieser Poesie echtes Lob und Bewunderung, die Freude und die Überraschung eines einfachen Menschen, der bemerkt, daß er in einem Universum ist, das im Ganzen freundlich und intelligent ist und gewiß sehr schön und weit, prachtvoll und geheimnisvoll.

Natürlich könnte man vernünftig diese kosmischen Götter als bloße poetische Phantasie abtun. Ich unterstelle aber, daß sich eine Menge über diese Art Gefühl dem Universum gegenüber sagen läßt – als ein Ort voller Bedeutung, Leben und Geist. Obwohl in Details phantastisch, ist die allgemeine Vorstellung es wert, angeschaut zu werden. An jedem Punkt verbindet es die Menschen – verbindet Sie und mich – mit dem Universum. Wir modernen Menschen im Westen neigen dazu, von uns als von losen Objekten zu denken, die in der Welt herumgestoßen werden. Als ob wir von außen in ein Universum geworfen worden wären, das stupide, tot und teilnahmslos ist (in der Praxis feindlich), gegenüber allem, was uns lieb ist. Wir fühlen uns hier nicht wirklich zu Hause oder unter Freunden, an einem Ort, der unserer, auf unserer Seite und im wesentlichen wie wir ist. Es ist eher, als ob wir zufällig in einer riesigen, gefühllosen, idiotischen Maschine gefangen wären. Welchen Beweis haben wir für so eine Sicht, was ist der wahre Grund, so zu fühlen? Warum fühlen wir nicht so, wie die Hindus fühlen konnten – daß das Universum und der Mensch und sein Geist und seine religiösen Gefühle alle *eins* sind, ein organisches Ganzes, so wie unser eigener Körper ein organisches Ganzes ist?

HINDUISMUS IST NICHT POLYTHEISMUS

Als dieses Gefühl der kosmischen Einheit wuchs, entstand die Vorstellung eines alles durchdringenden Einen. Einige Götter, die mit Ihm verschmolzen, wurden bloße Aspekte Seiner göttlichen Natur; andere verschwanden einfach. Um 500 v. Chr. war der Hinduismus im Grunde monotheistisch geworden, eine Religion mit Einem Gott.

Diese Feststellung verlangt eine Erklärung, weil die meisten von uns meinen, der Hinduismus wäre typisch polytheistisch – eine Religion zahlloser Götter und Stammesgötter. Und es ist gewiß richtig, daß die meisten Inder sogar heute die Welt mit göttlichen und halb-göttlichen Wesen bevölkern und den Abbildern ihre Reverenz erweisen. In der Praxis ist ihr Glaube aber ebenso vereinbar mit dem Glauben an einen Gott, wie der christliche Glaube an Engel und Teufel und die drei Personen der Trinität vereinbar ist mit dem Glauben an denselben Einen Gott. Tatsächlich ist Indien die Heimat, sehr wahrscheinlich die ursprüngliche Heimat der Vorstellung des Absolut Einen, des Gottes, der so sehr Herr der Welt ist, daß Er in der Tat die Welt und alles in ihr ist, einschließlich aller Götter, Teufel, Menschen, Tiere und Dinge. Er ist Alles. Alles, was existiert, existiert nur in Ihm oder als Aspekt von Ihm – und Er ist All-Eins und ohne Gefährten.

HINDUISMUS IST NICHT PANTHEISMUS

Das bedeutet nicht, daß der Hinduismus eine Art Pantheismus ist – eine Religion, die behauptet, daß Gott in jedem kleinen Stückchen wäre, so daß dieses Stück Papier so göttlich ist wie Sie und ich und Gott selber. Nein, Er ist nicht die Stücke als Stücke, sondern das, was sie alle zusammen ausmachen oder vielmehr, was sie in ihrer ungeteilten Ganzheit sind. Sie sind nicht Ihre Zehennägel oder Ihre Hand oder Fuß oder Kopf, sondern die Einheit, die diese mit Ihren anderen Organen bilden. Sie transzendieren alle Ihre Teile, Sie sind unermeßlich deren höhere Instanz. Und doch können Sie keine davon weglassen, und in der Tat *sind* Sie all diese. Auf genau die gleiche Weise ist der Hindu-Gott weit über allen Kreaturen und Dingen, die leben und sich bewegen und ihr Wesen in Ihm haben und nur in Ihm allein. Die Welt (so würden es einige Hindus erklären) ist Sein Körper, und Sie und ich sind in einem Sinn Seine Glieder und zutreffender Er selbst. Das ist viel mehr als eine Metapher, ein anschaulicher Hinweis auf die Wahrheit. Für den Hinduismus, wie er besser nicht sein kann, gibt es nur Gott, nur diese Eine Wirklichkeit, obwohl, wenn er durch Ignoranz oder Blindheit nicht mehr gesehen wird, er so erscheint, als ob er sich in diese unzähligen losen Teile, einschließlich Ihnen und mir, aufgelöst hätte.

Erwähnt werden soll, daß es interessant ist, die Vorstellung von Gott als *Einheit* der Welt mit unserer typisch westlichen Vorstellung von Gott als *Erschaffer* der Welt zu kontrastieren. Die meisten von uns im Westen, vorausgesetzt wir glauben überhaupt an Gott, stellen sich Ihn eher als einen brillant klugen Designer und Supervisor des Universums vor, der außerhalb seiner Maschine steht. Wir verbildlichen uns Gott plus die Welt, die Er geschaffen hat. Der Hindu glaubt, daß es nichts außer Gott gibt. Worauf das hinausläuft, wie es sich in der Praxis auswirkt, werden wir bald sehen.

BRAHMAN, DER UNPERSÖNLICHE

Der Name dieses Gottes – dieses Einen, der die Vielen *ist*, der alle Dinge *ist* – ist Brahman (nicht Brahma, der Vedische Schöpfergott). Sogar Ihn einen Gott nennen, oder einen Er, oder irgendeine Art Person, ist irreführend. Noch ist »Es« viel besser, denn dieses unpersönliche Pronomen suggeriert statt eines Supermannes eher eine Supermaschine, ein geistloses Ding. Vielleicht ist es am sichersten, einfach von Dem Einen zu sprechen. Die alternativen Titel, wie Das Unendliche oder Das Absolute, oder Wirklichkeit, oder Alles oder Die Gottheit sind hilfreich, wenn sie zusammen genommen werden. Aber separat können wir sie mißverstehen. Das Undefinierbare kann nicht definiert werden. Das Ganze kann offensichtlich nicht zutreffend durch irgendeinen seiner Teile repräsentiert werden. Und ebenso offensichtlich wird diese Schwierigkeit hier im Westen nicht gespürt, wo wir an Gott als Liebe denken oder Güte, als unseren Vater, Freund oder Tröster. Weil Gott dabei als eine ideale Person vorgestellt wird, ähnlich dem, was in uns am besten ist.

Der höchste Brahman des Hinduismus ist überhaupt nicht so, kein personaler Gott und ebensowenig menschlich, wie Er tierisch oder engelhaft ist. Brahman, als das Ganze, der das Untermenschliche wie das Übermenschliche mit dem Menschlichen sowohl einschließt als auch aufhebt, das Böse zusammen mit dem Guten, ist all dem so unähnlich, wie Sie keinem Ihrer Teile oder Teilchen ähnlich sind. Oder vielmehr: erheblich mehr. Er ist total. Total jenseits und über allen Dingen; es gibt nichts, was Ihm auch im Entferntesten ähnelt. Nun könnte das wie ein ernster Nachteil des Hinduismus verglichen mit dem Christentum erscheinen, dessen Gott uns ausreichend ähnlich ist, um mit ihm Kontakt zu ermöglichen, durch Gebet, Lob, Liebe und Gehorsam. Und nicht nur möglich, sondern natürlich. Wie kann man anfangen, mit einem Gott Verbindung aufzunehmen, der absolut unverständlich, unvorstellbar, mysteriös und im wahrsten Sinne überhaupt »Nichts« ist?

ATMAN IST BRAHMAN

Nun, der fromme Hindu behauptet, daß er das tut. Brahman, darauf besteht er, ist unpersönlich, nicht-menschlich, undenkbar. Und zur gleichen Zeit besteht er darauf, daß der ganze Sinn unseres Lebens darin liegt, den allertiefsten Kontakt mit Brahman herzustellen. Wie ist das möglich?

Nicht nur das: Er sagt nicht, wir müßten den *Kontakt mit* Brahman *machen*, sondern Brahman *werden*, vielmehr erkennen, daß wir schon Brahman *sind*. Er sieht sich selbst nicht so sehr als Teil Brahmans, sondern als *Ganzer*. Denn der Höchste Brahman wohnt nicht nur überall in der Gesamtheit der Welt als deren Einheit, sondern ist auch in jedem Teil vollständig und ganz, natürlich einschließlich Ihnen und mir, wo Er als Atman gekannt wird. Daher die berühmte Formel aus den Upanischaden »DU BIST DAS«, was auf gut Deutsch heißt: »Du, der Du dieses Buch liest, bist Gott Selbst, nicht nur bloß ein kleines bißchen von Gott (obwohl Du das in einem weniger wahren Sinn auch bist), sondern das Ganze Göttliche Wesen.«

Diese Drei-Wort-Formel »DU BIST DAS« ist ein Rätsel, ein Stolperstein, ein Unsinn für die meisten von uns im Westen, und wir würden das viel lieber als eine orientalische Übertreibung oder als pure Blasphemie abtun, als es zu verstehen. Aber es ist die Grundidee, die große Intuition des Hinduismus und der anderen östlichen Bekenntnisse, die wir noch ansehen werden. Deshalb ist das der Schlüssel zum Verständnis dieses Buches, und wenn Sie diesen Meisterschlüssel haben, werden sich Ihnen alle Türen öffnen.

Das klingt so schwierig! Wie kann ein Mensch Gott sein? Ist nicht schon diese Vorstellung selbst ein ungeheuerlicher Widerspruch? Wie wenn man sagen würde, die Türklinke ist ein Haus oder eine Gehirnzelle ist ein Mensch?

Dabei ist diese Vorstellung absolut natürlich, einfach und leicht, vorausgesetzt, wir lassen unsere Vorurteile fallen und öffnen ihr gegenüber unseren Verstand. Denken Sie wieder an Ihren Körper, bemerken Sie, wie das Ganze von Ihnen in jedem seiner Teile ist. Wenn also Ihre Hand dieses Buch berührt, berühren *Sie* es, und wenn Ihre Augen diese Seite sehen, sehen *Sie* sie. Und wenn Ihre Zunge sagt: »Ich stimme zu«, spricht sie für Sie und als Sie – Sie, bis runter zu Ihren Fußsohlen und bis rauf zu Ihren Haarspitzen. Sie sind in jedem Teil Ihres Körpers, so daß, was *er* fühlt, *Sie* fühlen und was *er* tut, *Sie* tun, und Sie sind nach Gesetz und Menschenverstand für jedes kleine bißchen davon verantwortlich. Aber – und das ist das Merkwürdige, das Paradoxe – weder Ihre Hand noch Ihr Auge, noch Ihre Zunge, noch Ihre Füße, noch Ihre Haare sind Sie: Die Unterscheidung zwischen denen und Ihnen ist auch nicht für einen Augenblick undeutlich. Sie kennen alles, weil Sie es ständig *leben*, ohne daran zu denken; Sie sind einfach so. Gut, sagt der Hindu, ebenso ist Gott so, Gott und Sie sind so gebaut, wie könnten Sie das nicht verstehen?

Gott hat zwei Aspekte – den alleräußersten, alles umschließenden Kreis, der das Ganze aller Dinge ist, und das allerinnerste, allausschließende Zentrum, was Sie selbst sind, Ihr wirkliches Selbst. Alles von ihm ist in Ihnen als Ihr wahres Sein, als Ihre Essenz. Und doch gibt es nicht die kleinste Verwechslung zwischen Ihnen und Gott. Gott und Mensch bleiben getrennte Pole und werden es immer sein.

Diese Vorstellung, diese Hindu-Doktrin der Identität von Gott und Selbst erscheint vielleicht denen von uns, die überzeugte Christen sind, völlig absurd und anstoßerregend. Aber es ist wirklich hauptsächlich die Sprache – wie diese Vorstellung mit Worten ausgedrückt wird –, die stört; die Sache selbst ist ganz vertraut. Wohnt nicht der Heilige Geist (der *nicht* ein Teil Gottes ist, sondern Gott selbst) im Gläubigen? Ist es nicht so, daß das Licht *jedem* Menschen leuchtet, der in die Welt kommt? »Nicht ich«, sagt der heilige Paulus, »sondern Christus in mir.« Alle spirituelle Religion überall und zu allen Zeiten hat verneint, daß der Mensch bloß Mensch sei, und sich die Erkenntnis des innewohnenden Gottes zur Hauptaufgabe gemacht hat. Nur die Ausdrucksweise, die Betonung, der Stil sind verschieden. Der Hindu-Heilige sagt das, was auch der christliche Heilige sagt, nur sagt er es öfter und kompromißloser, brutaler, wenn Sie so wollen. In der Praxis aber, auf jeden Fall in der besten Praxis, stimmen sie überein.

BEFREIUNG

Für den Hindu ist diese Vorstellung Gottes in dir und mir keine bloße Vorstellung, sondern die Hauptsache und der Grund des Daseins. Natürlich fängt es für ihn und für uns wahrscheinlich damit an, daß es nicht mehr als ein interessantes, aber ziemlich vages Stück Erbauung ist. Sein Ziel ist aber – wenn er seine Religion ernst nimmt –, stets die Wahrheit mit ganzem Herzen und Verstand zu erkennen. Er will nicht nur im Kopf verstehen, daß seine wahre Natur irgendwie göttlich ist, sondern in seinem Herzen *fühlen* wie Gott, um ganz sicher zu sein, daß er Gott *ist*, um immer in diesem göttlichen, inneren Selbst zu leben und nicht länger als das alte menschliche Selbst, das es enthält. Wenn er das tun kann, gilt er als Befreiter, das heißt, immer glücklich, frei von Launen oder Sorgen oder irgendwelchen Aufregungen, abhängig von niemandem und nichts, und in der Gewißheit der Unsterblichkeit. Er ist all das und viel mehr als das, denn schließlich weiß und sieht er, Wer er wirklich ist; er fühlt, er sieht ganz klar, daß, obwohl er von außen eindeutig als Hans oder Marie (oder Sarog oder Indira) gesehen wird, die »inside story« ganz anders ist. Sein Inneres ist der Atman, der Brahman, das Eine.

Deshalb ist er geboren worden, warum wir alle geboren werden, das ist der Zweck unseres Lebens: daß wir den kosmischen Witz erkennen, daß wir die Täuschung durchschauen, Sie und ich wären zwei getrennte Menschen unter Millionen von anderen, zwei winzige Stückchen der Welt, die statt dessen sehen sollten, daß wir absolut eins miteinander sind und eins mit allen Geschöpfen, denn jedes ist in Wirklichkeit Alles. Kurz: Wir wurden geboren, um befreit zu werden. Befreiung vom Menschsein in die Gottheit – wie realisiert der fromme Hindu dieses hehre Ziel? Es ist nicht leicht, nicht etwas, was er mit ein paar anderen Interessen verbinden kann, und es benötigt vielleicht sein ganzes Leben. Zunächst (und das ist schwierig genug) muß er einen würdigen Lehrer finden, einen Guru, der selbst befreit ist, und ihn um Erlaubnis bitten, sein ergebener und gehorsamer Diener zu werden. Er muß darauf vorbereitet sein, seinen Besitz bis auf ein Lendentuch und einen Topf oder zwei zu reduzieren, oft hungrig zu sein und zu frieren. Er muß der Lehre seines Meisters ehrfurchtsvoll zuhören. Er muß den Segen seines Meisters absorbieren, diese subtile und ansteckende Strahlung oder Atmosphäre, in der seine eigenen spirituellen Fähigkeiten reifen. Vor allem muß er in der Lotushaltung in der heiligen Gegenwart des Meisters meditieren, ohne Ferien oder Freizeit, bis das Ziel erreicht ist. (Die Lotusstellung mit geradem Rücken, rechtwinklig zum Körper angewinkelten Beinen, den Händen im Schoß, ist für Inder natürlicher als für uns.)

MEDITATION, DAS MITTEL ZUR BEFREIUNG

Worauf meditiert der Schüler, Stunde um Stunde, Jahr um Jahr, unter einem Baum oder in einer Höhle im Himalaja mit seinem geliebten Guru? Auf alle Arten von profunden und schönen Vorstellungen? Überhaupt nichts! Insoweit es ihm ernst ist und er erfolgreich bei seiner Aufgabe ist, *hört er auf* zu denken, er denkt an überhaupt nichts! Oder vielmehr an Nichts. Von allen denkbaren Dingen da draußen wendet er seine Aufmerksamkeit auf sich selbst, auf den undenkbaren Einen, der sie alle im Zentrum erlebt. Er sieht nach innen auf sich selbst, er sieht nach innen, um das zu sehen, was niemand sonst für ihn sehen kann, nämlich: wie es wirklich ist, dieser Eine zu sein, der sieht. Und was er sieht, ist Niemand, kein Körper und kein Verstand und keine Gedanken und keine Wörter, und gewiß kein menschliches Selbst, sondern sein wirkliches Selbst, den Atman, der der Höchste Brahman ist.

Ich wäre überrascht, wenn Sie insgesamt mit seinem Verhalten einverstanden wären. Wenn er bei der Innenschau »Nichts« sieht und an »Nichts« denkt, ist das nicht schrecklich langweilig und witzlos, außer, daß es sinnlos ist und egoistisches Verhalten in einer Welt, in der so viel getan werden muß? Ist der nicht nur ein frommer Nichtstuer? Er würde antworten: »Mir geht es um die Wahrheit des ›Wer ich bin‹, und was ist in diesem Platz, den ich mit dieser Natur des ›Ich‹ einnehme, und wenn ich hier hinschaue, finde ich keinen Körper, sondern nur (sozusagen) einen absolut klaren Spiegel, in dem sich die Welt reflektiert. Dieser Spiegel kann das wahre Selbst genannt werden, oder Geist, oder das reine Subjekt, oder das Innere Licht, oder Bewußtsein, oder der Atman, oder Leere, oder Abwesenheit oder Nichts, oder was Ihnen sonst noch zusagt. Das Merkwürdige ist aber: Obwohl ich Das klar sehe, sehe ich ›Nichts‹, alle Langweiligkeit und Sinnlosigkeit – ja, all die Nutzlosigkeit und auch der Egoismus des Lebens – verschwindet, und endlich bin ich grenzenlos zufrieden. Dieses klare Selbst-Sehen ist Befreiung. Und das einzige, um anderen auf Dauer und spirituell (und nicht nur materiell oder psychologisch, wo scheinbare Hilfe sich oft als wirkliches Hindernis entpuppt) zu helfen, ist, ihnen auch zur Befreiung zu verhelfen; und das einzige, was da zu tun ist, ist selbst befreit zu werden. Dann kann ich Ihnen automatisch helfen, wirklich helfen (und es Ihnen nicht nur bequemer machen), einfach durch Sehen ›Wer ich bin‹ und Sein ›Wer ich bin‹.«

Hat er überzeugende Argumente geliefert, oder neigen wir immer noch dazu, ihn zu widerlegen? Wir verdammen den echten Künstler nicht, der sein Leben dem Entdecken der Schönheit der äußeren Welt gewidmet hat, sogar dann, wenn das, was er findet, für uns grauenhaft aussieht; noch verdammen wir den aufrichtigen Wissenschaftler, der sein Leben der Entdeckung der Wahrheit, der zugrundeliegenden Struktur der Welt gewidmet hat, sogar wenn seine Entdeckungen zu furchtbaren Vernichtungswaffen führen. Warum sollten wir dann den aufrichtigen Mystiker verdammen, den Schüler, der sein Leben der Entdeckung der Schönheit und Wahrheit der *inneren* Welt, des Bewußtseins selbst, gewidmet hat, ja der Entdeckung des Mysteriums selbst, das dem Künstler und dem Wissenschaftler zugrunde liegt, geschweige denn deren Welt? Ist es so bewundernswert, nichts zu übersehen, als den Betrachter? Welchen Sinn hat es, alles zu kennen, außer Dich selbst? Das sind Fragen, die uns ein Hindu-Schüler wohl stellen könnte. Was würden wir antworten?

Vielleicht halten wir die ganze Sache für unnatürlich oder ungesund. Woher kommt es, daß der Schüler so lange braucht, warum erweist es sich als so schwierig, seine Aufmerksamkeit nach innen, weg von der Welt der Erscheinungen, zu richten, hin zu der Wirklichkeit, in der sie gespiegelt wird? Warum wird dieser Atman, dieser geheimnisvolle, innewohnende Gott, oder das Innere Licht, nur mit ungeheurer Mühe, nach so langer Suche entdeckt? Ich meine, er würde erklären, daß im Gegenteil der Atman überhaupt nicht fremd und schwierig zu sehen ist, sondern vollkommen natürlich und offenkundig naheliegend. Und was Es vor uns versteckt, ist einfach das Wünschen. Unsere Aufmerksamkeit ist derart an die äußeren Dinge gefesselt, die wir lieben und hassen, bekommen und loswerden wollen, daß wir keine Zeit für dieses Eine hier haben, das anwesend ist; weitsichtig, wir übersehen das, wir orientieren uns nicht am »Wer wir *sind*«, sondern nur am »Was wir *haben*«. Die Tatsachen und besonders die zentrale Tatsache dieses »Ich« beschäftigt uns nicht. Wir wollen sie nur verändern, und unsere Werkzeuge sind unsere Gedanken und unser mentales Geplapper. Deshalb ist das erste, was der Hindu-Schüler zu tun hat, das Denken anzuhalten, alle Worte gehen zu lassen und mit ihnen alle Wünsche, irgend etwas zu ändern. Deshalb muß er ständig nach innen auf das schauen, was gegeben ist. Dort, behauptet er, sieht er Gott so ohne weiteres und mit solcher Brillanz, daß er nicht verstehen kann, warum er Ihn vorher übersehen hat. Es ist sogar so, daß er die Innere Welt viel, viel klarer sieht, als er je die äußere Welt gesehen hat. Es ist diese äußere Szene, die, verglichen mit der inneren Klarheit, die sie umfaßt, verwirrt und unwirklich und trübe ist.

MAYA

Wenn man einen Hindu bedrängt, was er denn genau mit Wirklichkeit meint und warum die Innenwelt wirklich genannt werden soll, während die Welt draußen verhältnismäßig unwirklich oder illusorisch sein soll, könnte er dies antworten: »Das ›ICH‹, oder das reine Bewußtsein, ist eindeutig die Quelle aller äußeren Dinge, und diese Dinge sind offenkundig nur Erscheinungen – gefärbte Oberflächen, Gerüche, Geschmäcke, Geräusche, Vergnügen, Schmerzen –, die sich ständig verändern, keine eigene Substanz oder unabhängige Wirklichkeit haben, und die sofort verschwinden würden, wenn da kein Verstand wäre, der ihrer gewahr würde. Sie sind der Sport, das spielerische Produkt des Verstandes, Gegenstände in einem ungewöhnlich langen und gut gebauten Traum. Mit einem Wort, sie sind MAYA.« Getrennt und für sich betrachtet, ist alles Maya oder Illusion; und doch ist alles wirklich, doch als untrennbar von der Einen Wirklichkeit betrachtet, die sie produziert, ist alles wirklich. Deshalb gibt es keinen wesentlichen Unterschied zwischen den »wirklichen« grauen Katzen, die ein Mann, der nüchtern ist, sieht, und den »imaginären« weißen Mäusen, die er sieht, wenn er betrunken ist: Beide sind Maya, wirklich als Schöpfungen des Verstandes, unwirklich als Dinge für sich. Unsere Aufgabe im Leben ist es, Maya als Maya dort drüben zu sehen und ihre Quelle als die Quelle genau hier. Und die beiden nie zu verwechseln.

SOZIALE KONSEQUENZEN

Vielleicht finden Sie diese Philosophie des Maya unakzeptabel, aber dumm oder absurd ist sie gewiß nicht. Tatsächlich sind viele westliche Denker, mehr oder weniger unabhängig von östlichem Gedankengut, zu sehr ähnlichen Schlußfolgerungen gekommen – in der Theorie. Der Unterschied zwischen ihnen und dem indischen Philosophen-Weisen ist der, daß dieser seine Lehre so ernst nimmt, daß er danach lebt, während die anderen nicht einmal davon träumen würden.

Und was (könnten Sie fragen) sind die sozialen Konsequenzen, wenn wir glauben, daß die Welt als solche Maya ist; ein Traum, aus dem wir aufwachen müssen?

Die Kurzantwort ist: bedauerlich! Betrachten Sie Indien, wie es in den vergangenen zweitausend Jahren gewesen ist – ein Land, in dem schreckliche Armut und extremer Reichtum immer zusammengingen, wo Religion ein Kastensystem toleriert und verstärkt hat, mit starren sozialen Klassen mit all ihren Ungerechtigkeiten und Absurditäten, wo effiziente und ehrliche Regierung kaum je existiert hat, wo wahrer, materieller Fortschritt und größere soziale Reformen erst kürzlich seriöse Ziele wurden. Und gewiß ist es wahr, daß Indiens traditionelle Gleichgültigkeit gegenüber der äußeren Welt durch und durch verbunden ist mit seinem Interesse an der inneren Welt. Wenn eine Religion an ihren Früchten erkannt wird – an ihren Langzeit-Konsequenzen –, dann ist der Hinduismus überhaupt kein gesunder Baum.

Heutzutage würden viele gebildete Inder – erzogen nach westlichen Vorstellungen – mit dieser Beurteilung übereinstimmen, sogar soweit, daß sie den Baum fällen wollen. Sie glauben, daß der traditionelle Hinduismus – dadurch, daß er die Aufmerksamkeit von dem bedauerlichen Zustand der Dinge ringsherum auf den Menschen selbst als Beobachter seiner selbst ablenkt – einer der Hauptgründe für diesen Zustand ist. Sie weisen darauf hin, daß der Hinduismus eine weltverneinende Religion ist, und sie schauen auf die Welt, die dabei herauskommt!

Ohne Zweifel ist an dieser Sicht etwas dran. Aber wir wollen fair mit dem Hinduismus sein. Zunächst einmal ist er das sanfteste und toleranteste Glaubensbekenntnis. Weit entfernt vom Verfolgen anderer Religionen, hat er mit ihnen zufrieden zusammengelebt und gewöhnlich viele ihrer Eigenarten aufgenommen. (Tatsächlich hat er so viele, derb primitive, prä-arische Kulte inkorporiert, daß sie geeignet sind, den eigenen wesentlichen Charakter zu verdunkeln, wenn nicht sogar zu widerlegen.) Er hat pazifistische Bewegungen und allgemein die Gewaltlosigkeit inspiriert, und die meisten frommen Hindus sind Vegetarier, gegen das Schlachten von Tieren. Sein einzigartiger, religiöser Genius und seine Tradition haben eine große Zahl von Heiligen und Weisen hervorgebracht – wahrhaft befreite Meister (manche von ihnen auch Frauen) –, die zahllosen Millionen von gewöhnlichen Menschen Trost brachten. Es stimmt, diese gewöhnlichen Menschen sind immer noch unterernährt, schlecht behaust, ungebildet. Aber sind sie weniger reif und weniger glücklich als die Bewohner von, sagen wir New York, wo die Verbrechens-, Scheidungs- und Selbstmordrate für sich selbst spricht? Ohne Zweifel ist das Ideal ein spirituelles Leben vor dem Hintergrund von materiellem Wohlergehen. Vielleicht wird das eines Tages in einem glücklichen Land kombiniert sein. In der Zwischenzeit wären Gefühle der Überlegenheit auf unserer Seite absurd. Wir sind nicht besser als Indien, es geht uns nur besser – was längst nicht dasselbe ist, wie zivilisierter zu sein.

WIEDERGEBURT UND KARMA

Ein anderer Punkt: Wenn wir unserem gegenwärtigen Leben soviel Gewicht beimessen, hält das ein orthodoxer Hindu für eine zu enge Sichtweise. Er glaubt, daß das Ziel für uns alle die Befreiung ist, die Entdeckung unserer absoluten Einheit und daß es, um das zu erreichen, viele, viele Leben benötigt. Wir werden also wiedergeboren als eine höhere, vielleicht gottähnliche Form des Lebens, wenn wir gut sind. Als eine niedrigere, vielleicht Tierform, wenn wir sündhaft sind, bis wir am Ende erkennen, daß das Ganze nur ein Spiel ist und wir nicht wirklich voneinander getrennte Wesen sind, sondern das Eine Selbst des Ganzen. Wenn jemand zum Beispiel in diesem Leben ein halbverhungerter Bauer ist, der wahrhaft versucht, seine ganze Pflicht zu erfüllen, dann könnte er das nächste Mal in eine reiche Kaufmannsfamilie geboren werden, wo er reichlich Gelegenheit hat, sein spirituelles Leben zu verfolgen, ohne durch weltliche Sorgen daran gehindert zu werden. Das hängt ganz von dem Vorrat guter Taten (oder dem guten Karma) ab, das einer vom Beginn der Zeit an durch tugendhafte Gedanken und Taten angesammelt oder durch böse Gedanken und Handlungen verringert hat. Die Konsequenz, auch nur der geringsten Sache, die einer tut, kann nicht in diesem oder einem anderen Leben vermieden werden. Die christliche Warnung: »Was Du säst, wirst Du ernten« ist in Indien bis zu ihrem logischen Extrem weitergeführt. Ihre praktische Auswirkung auf das Verhalten muß sicherlich, im großen und ganzen gesehen, gut gewesen sein.

In jedem Fall, ob Sie nun glauben oder nicht, daß diese Hindu-Doktrinen der Wiedergeburt und des Karmas (die man als eine Art moralischer Buchhaltung bezeichnen könnte) wahr oder erfunden sind, sie sind gewiß ein kühner und interessanter Versuch, die rätselhafte Ungleichheit und scheinbare Ungerechtigkeit unseres menschlichen Bedingtseins zu erklären. Sie liefern auch einen vernünftigen Anstoß für moralische und spirituelle Bemühungen, ohne Rücksicht, von wo aus wir anfangen. Zumindest nehmen sie unsere berühmte Evolutionstheorie um zwei oder drei Jahrtausende vorweg. Es stimmt, es ist schwer zu verstehen, wie sie Sinn machen und im Einzelfall funktionieren, auf jeden Fall aber unterstreichen sie vier wesentliche Punkte: die Einheit aller Geschöpfe, die Abhängigkeit unserer Zukunft von dem, was wir gegenwärtig tun, das umfassende Ziel der Befreiung und die zahlreichen Wege zu diesem Ziel.

DIE DREI WEGE

Diese zahlreichen Wege laufen auf drei hinaus: den Karma-Weg durch gute Werke, den Bhakti-Weg durch Hingabe und den Jnana-Weg durch Erkenntnis.

Der erste besteht einfach darin, seine Pflicht zu erfüllen, was immer das ist, völlig nüchtern, wunschlos, ohne Erwartung auf Belohnung oder das Streben nach Ergebnissen. Diese unvoreingenommene Haltung ist extrem schwierig beizubehalten und kann einen natürlich sehr weit auf der Straße der Selbstaufgabe und der spirituellen Erleuchtung bringen. Auf jeden Fall ist es der praktische Weg für die große Mehrheit von uns, die für ihren Lebensunterhalt arbeiten muß und nicht in der Lage oder bereit ist, ihr Leben der Anbetung oder der Meditation zu widmen.

Der zweite Weg ist Verehrung eines Gottes oder Avatars und führt ebenfalls zu Selbstaufgabe und totaler Hingabe. (Ein Avatar ist eine seltene und besondere Manifestation Gottes in menschlicher Gestalt. Wir sind alle göttliche Inkarnationen, aber in einem Avatar manifestiert sich diese Göttlichkeit viel mehr. Krishna und Ram sind für einen Hindu die bekanntesten Avatare, und er betrachtet vielleicht Buddha und Jesus als weitere.) Hier ist der Gegenstand der Verehrung Gott oder Brahman, der sich in einer bestimmten Person oder Form enthüllt oder einen besonderen Aspekt zeigt. Da ist zum Beispiel Shiva, ein nicht-arischer Gott, der in den Hindu-Pantheon aufgenommen wurde, der manchmal als der Zerstörer und manchmal als ein Fruchtbarkeitsgott erscheint (dessen Symbol das in ganz Indien bekannte, konventionell dargestellte männliche Glied ist), und ein anderes Mal als liebender und sanfter Gott; er ist das Objekt vieler verehrender Kulte. Nach typischer Hindu-Tradition benutzen seine Verehrer Bilder zusammen mit Gebeten und Musik, mit Hymnen und Weihrauch, Opfergaben von Blumen und Reis. Für den Außenstehenden kann das alles wie primitive (oder sogar anstößige) Verehrung von Idolen sein, es ist aber tatsächlich ein berechtigter Weg zur Befreiung. Und auch das ist ein Weg für die Mehrzahl. In Indien gehört ein wesentlich größerer Anteil der Religion zu dieser verehrenden Art, in der die Gottheit (zeitweise) getrennt vom Verehrenden ist, als von der Art, mit der sich dieses Kapitel befaßt, wo das Ziel die Überwindung dieser Trennung und das Erkennen absoluter Einheit ist.

Diese Erkenntnis des Untrennbaren Einen ist der dritte Weg, der Weg der Erkenntnis, des Nach-innen-Schauens, wer man wirklich ist. Das ist der höchste Weg, in den alle anderen münden, bevor sie das Ziel der Befreiung erreichen.

Christen mögen den Karma-Weg mit dem protestantischen Ideal des liebenden Dienstes am Menschen vergleichen und den Bhakti-Weg mit den katholischen Kulten des Heiligen Herzens Jesu oder der Gesegneten Jungfrau Maria. Was den Jnana-Weg der Erkenntnis betrifft – so werden wir sehen –, kann dieser auch im Christentum und in allen großen Religionen als deren Kern gefunden werden, obwohl das sehr leicht übersehen und sehr selten bis zum Ende verfolgt wird.

DIE VIER STADIEN DES LEBENS

Und wir sind versucht zu bemerken, daß diese Seltenheit ganz in Ordnung ist. Was würde passieren, wenn alle diesen dritten Weg verfolgten, zu Füßen ihres geliebten Gurus säßen, bis die klare Selbstverwirklichung dämmerte? Wer würde sie ernähren? Wie würde die Nation, die menschliche Rasse überleben?

Das ist tatsächlich so, als würden wir fragen, was geschähe, wenn wir alle Müllmänner oder Könige wären. Die Situation ist unwahrscheinlich. So, wie es ist, sind wir nicht, noch können wir je lebenslänglich Befolger des Jnana-Weges sein. Sehr wenige Menschen, sogar im religiösen Indien, haben diesen besonderen Sinn der Berufung und den notwendigen Mut und die unermüdliche Entschlossenheit. Und seit alters her hat Indien immer erkannt, daß, obwohl allein das spirituelle Leben wirklich zählt, es eine materielle Basis braucht und daß das Leben weitergehen muß. Das jahrtausendealte traditionelle Ideal ist, daß ein Mensch nur das Ende seines Lebens *ganz* der Suche nach Selbsterkenntnis widmen sollte.

Vier Stadien werden unterschieden: das erste Stadium, Kindheit und Jugend, wo Disziplin und Erziehung die Regel sind; zweitens, das Mannesalter, in dem die Pflicht darin besteht, Geld zu verdienen und eine Familie aufzuziehen; drittens, das Alter, nachdem man seinen ersten Enkel gesehen hat, wenn man alles aufgibt, sein Zuhause und seine Familie verläßt und die Gegenwart des eigenen spirituellen Meisters sucht, dort bleibt, bis das Selbst gefunden ist; und schließlich, als viertes Stadium, das Leben eines wandernden Asketen oder Sannyasins, ohne Besitz, außer einem Lendenschurz (und manchmal nicht einmal das), einer Eßschale und einem Wassertopf – und die unbeschreibliche Freude der Befreiung. Das ist das ideale Hindu-Lebensmuster, und immer noch werden ernsthafte Versuche, es zu leben, gemacht. Und selbst wenn die beiden letzten Stadien für ihn nicht zu erreichen sind, glaubt der treue Hindu immer noch im Herzen, daß das allein Erfolg im Leben bedeute – seine Tage freiwillig heimatlos, nackt, einsam, mittellos, als unbekannter Bettler zu beenden, denn wenn man am Ende gesehen hat, Wer man wirklich ist, dann gehört einem alles, was es im Universum gibt, und dann ist man unendlich viel reicher als alle Millionäre des Universums zusammen.

Und auch dann, wenn das Ideal sehr, sehr selten erreicht wird, verleiht es doch zahllosen sonst ziemlich sinnlosen und traurigen indischen Leben Würde und Bedeutung. Es ist schon etwas, es ist sehr viel, zu wissen, wohin man geht, auch wenn man sehr langsam reist, mit vielen Pausen und Rückfällen, und außerdem zu wissen, daß man eines Tages, vielleicht gegen Ende des Lebens, wahrscheinlicher am Ende von ein paar hundert weiteren Leben, gewiß ankommt.

Sogar noch besser (könnte der Jnani oder Selbsterkenner hinzufügen) ist es, zu erkennen, daß die Befreiung tatsächlich, genau jetzt in diesem Moment, da ist, wenn Sie es nur sehen könnten. Denn Befreiung bedeutet nicht, etwas zu erreichen, sondern zu sehen, daß alles bereits erreicht ist. Sie müssen kein besserer Mensch werden, sondern sehen, daß dort, wo Sie meinten, daß dort ein Mensch sei, kein Mensch ist, sondern Perfektion selbst.

Alles, was wir sind, ist das Ergebnis dessen, was wir gedacht haben: Es gründet auf unseren Gedanken und ist aus unseren Gedanken gemacht. Wenn ein Mensch mit schlechten Gedanken spricht oder handelt, folgt ihm das Leid wie das Rad dem Huf eines Tieres folgt, das den Karren zieht.

Alles, was wir sind, ist das Ergebnis dessen, was wir gedacht haben: Es gründet auf unseren Gedanken und ist aus unseren Gedanken gemacht. Wenn ein Mensch mit einem guten Gedanken spricht oder handelt, folgt ihm das Glück, wie der Schatten, der ihn nie verläßt.

Haß wird nicht durch Haß beendet; Haß endet nur durch Liebe. Das ist das ewige Gesetz.

Wachsamkeit ist der Pfad zur Unsterblichkeit, und Gedankenlosigkeit ist der Pfad zum Tode. Die Wachsamen sterben nicht, aber die Gedankenlosen sind schon wie tot.

Wie ein Bogenschütze seinen Pfeil ausrichtet, so richtet der weise Mensch seinen unruhigen Verstand aus, der so schwer zu kontrollieren ist.

Bewässerer leiten Wasser; Bogenschützen richten Pfeile aus; Zimmerer biegen Holz; weise Menschen formen sich selbst.

Der, der die Unwirklichkeit der Dinge versteht und nichts angehäuft hat, dessen Spur ist unsichtbar, wie die der Vögel in der Luft.

Der König des Todes kann den nicht berühren, der diese Welt als Trugbild erkennt.

Schau auf diese glitzernde Welt, wie auf eine königliche Kutsche; die Törichten sind in ihr versunken, aber die Weisen klammern sich nicht an sie.

Du selbst mußt Dich bemühen, der Buddha zeigt nur den Weg. Diejenigen, die den Pfad betreten haben und meditieren, werden frei von den Fesseln der Illusion sein.

Ein Mensch erreicht das Nirvana nicht auf irgendeinem Tiere sitzend, sondern indem er sich selbst ausbildet.

aus dem *Dhammapada* (5.–4. Jh. v. Chr.)

3 BUDDHISMUS, DIE RELIGION DES FERNEN OSTENS

BUDDHISMUS ALS EIN SEITENZWEIG DES HINDUISMUS

Der Buddhismus, der eine der ältesten Religionen der Welt ist, begann im alten Indien als ein Seitenzweig des Hinduismus. Alle Grundideen des Hinduismus wurden von den Buddhisten als selbstverständlich erachtet, und das Ziel der Befreiung – die Buddhisten nennen es Erleuchtung – ist in beiden Religionen absolut das gleiche. Wenn uns der Hinduismus auch nur im geringsten zusagt, sollten wir den Buddhismus ebenso kongenial finden. Und wenn uns die Höhenflüge der Hindu-Metaphysik und Spiritualität zuviel sind, dann werden wir finden, daß der Buddhismus – obwohl er am Ende ebenso hoch fliegt – eine außergewöhnlich praktische und nüchterne Religion ist, von der wir alle in unserem täglichen Leben viel verstehen und Nutzen ziehen können. Um von ihr zu lernen, müssen wir nicht anfangen, unsere eigene Religion zu ändern.

Der Buddhismus ist jedoch weit davon entfernt, nur ein bloßer Zweig des Hinduismus zu sein. In seinem gesamten Stil, in seinem »Gefühl«, wie in seinen abwechslungsreichen Einzelheiten, steht er im scharfen Kontrast zu seinem Eltern-Baum. Er ist historische Religion, eine mit einem festliegenden Beginn und einem menschlichen Begründer – Gautama der Buddha, ein indischer Prinz aus dem sechsten Jahrhundert v. Chr. –, während der Hinduismus langsam aus der Erfahrung vieler Generationen wuchs und nicht die Inspiration eines einzelnen spirituellen Genius war. Und der Buddhismus ist eine universelle oder Weltreligion, eine missionarische Religion, die sich (friedlich) über die meisten Teile des Fer-

47

nen Ostens ausgebreitet hat, während der Hinduismus sehr indisch geblieben ist, ganz verankert in den alten Gebräuchen der indischen Gesellschaft, die sich gewiß nicht für den Export eignen. Folglich lehnte der Buddha das Kastensystem starrer sozialer Klassen ab und machte keinen Unterschied gegenüber Rasse oder sozialer Stellung; und er anerkannte, daß Frauen (auf die die Hindus spirituell geneigt waren, herabzusehen) natürlich ebenso imstande sind, erleuchtet zu werden. Noch einmal, Buddhismus ist eine gemäßigte Religion, die den Mittelweg zwischen Asketentum (oder selbstverursachten körperlichen Entbehrungen) und Sinnlichkeit geht, wohingegen der Hinduismus zu beiden Extremen hin zu streben scheint.

Vor allem ist der Buddhismus eine vergleichsweise undogmatische, empirische, beinahe wissenschaftliche Religion, die unserem gesunden Menschenverstand und unserer Kritikfähigkeit entgegenkommt. Statt uns nur zu sagen, was wir glauben sollen, wozu der Hinduismus und andere Religionen neigen, verlangt er beinahe nichts einfach zu glauben. Wir sollen uns auf keine Autorität außen verlassen, sondern fortwährend alles testen. Der Buddha selbst rät uns, unser eigenes Licht zu sein und keine Zuflucht außen zu suchen. Unter anderem aus diesem Grund ist der Buddhismus, obwohl schon 2500 Jahre alt, so außerordentlich modern. Unter all den großen Religionen ist es die, die am besten zum skeptischen, agnostischen Geist der modernen Wissenschaft paßt.

GAUTAMA, DER BUDDHA

Prinz Gautama wurde als Hindu aufgezogen. Sein Vater war der Herrscher eines kleinen Landes im heutigen Nepal, an den Ausläufern des Himalajas. Er wurde mit sechzehn Jahren verheiratet und hatte einen Sohn. Seltsam beschützt lebte er ein Leben in Luxus in seinem Palast. Der junge Prinz scheint die tragische Seite des Lebens nicht gekannt zu haben. Mit einem Schock begegnete sie ihm, als er neunundzwanzig Jahre alt war.

Es wird erzählt, daß er eines Tages mit seinem Wagen ausfuhr und einen alten Mann, dann einen Kranken und dann einen Leichnam sah. Er befragte seinen Roßlenker. »Es trifft uns alle«, war die Antwort. Dann sah er einen Mann mit abrasiertem Haar und einem abgetragenen gelben Gewand. Der Wagenlenker erklärte, das sei ein heimatloser, spiritueller Sucher.

Verstört durch das, was er gesehen hatte, kehrte Gautama zurück zum Palast. In dieser Nacht, als die Freudenmädchen um ihn herum schliefen, entsagte er für immer der Sinnlichkeit und entschied, sich selbst und alle Menschen von diesem schrecklichen Leidenspfad zu erlösen. Er nahm von seiner schlafenden Frau und seinem kleinen Sohn Abschied und stahl sich aus dem Palast, weckte seinen Wagenlenker und fuhr mit ihm an den Rand des Waldes. Dort stieg er aus, schnitt sein langes, schwarzes Haupthaar mit seinem Schwert ab und schickte es zurück zum Palast, damit es für sich selbst spräche, und tauschte seine feinen Kleider gegen die Lumpen eines Bettlers. Allein und mittellos ging er weiter, entschlossen, die Ursache und die Heilung des Leidens zu finden.

Für uns sieht Gautamas Verhalten typisch östlich und unpraktisch aus. Unsere Reaktion angesichts der leidenden Menschheit wäre, Geldmittel für Krankenhäuser zu sammeln und Pläne für Sozialhilfe und Forschung zu organisieren. Für ihn war es offenkundig, daß das Problem in ihm selbst entstanden war und daß seine Lösung am gleichen Ort gefunden werden müßte. Seine Suche war eine innere, wesentlich spirituelle. Auf seinen Wanderungen durch die Städte und das Land der Gangesebene besuchte er berühmte Hindulehrer und hörte deren Instruktionen. Sechs Jahre wanderte und hörte er, saß in tiefer Meditation, fastete lange und erduldete die strengsten Entbehrungen, bis er praktisch verfiel. Er überwand Angst und Stolz, Ärger und Lust, lernte seinen widerspenstigen Verstand zu kontrollieren und konnte doch die Erleuchtung nicht erlangen. Schließlich, beinahe sterbend, entschloß er sich, eine gute Mahlzeit einzunehmen und zu baden. Dann setzte er sich unter einen Baum, entschlossen, nicht eher aufzustehen, bis er vollkommen erleuchtet wäre. Er war fünfunddreißig Jahre alt.

Er verbrachte die Nacht damit, Rückschau auf seine vergangenen Leben zu halten, die Ursache von Geburt und Wiedergeburt in diese unglückliche Welt, die Wurzeln des menschlichen Leidens, woher es kommt und wie es überwunden werden kann, zu betrachten. Er schritt weiter in immer tiefere Ebenen der Meditation. Und im Morgengrauen hatte er das Ziel erreicht. Jetzt war er ein Buddha, der vollkommen Befreite, wach, erleuchtet.

Den Rest seines Lebens verbrachte er mit Wanderungen durch Nordwestindien und lehrte all diejenigen, die zuhören wollten, den Buddha-Weg, der das Ende des Leidens ist. Er gründete den Sangha, den Mönchsorden, der sich ganz dem religiösen Leben und der Ausbreitung der Lehre widmet, und legte so das Fundament des Welt-Buddhismus. Er starb im Alter von achtzig Jahren. Seine letzten Worte zu seinen versammelten Jüngern waren: »Bringt mit Fleiß Eure eigene Erlösung zustande.«

DIE URSACHE DES LEIDENS

Wie bringen wir unsere eigene Erlösung zuwege? Was hat der Buddha über das Leiden entdeckt? Was war sein Heilmittel dagegen, und wie könnten auch wir geheilt und erleuchtet werden?

Seine Lehre prägte sich ein und wurde von Mund zu Mund weitergegeben. Niedergeschrieben wurde sie erst Jahrhunderte nach seinem Tod. Auf uns ist sie, eingebettet in eine riesige Sammlung von Schriften, die viele fromme Ausschmückungen und gelehrte Kommentare enthält, gekommen. Was genau der Buddha selbst gelehrt hat, ist unsicher, aber seine wesentliche Botschaft ist klar. Nur das interessiert uns.

Die Lehre kreist um die Vorstellung des Dukkha, was Schmerz und Leiden und Unzufriedenheit und Unvollständigkeit aller Art bedeutet. Diese Dukkha, sagt der Buddha, kennzeichnet alle unsere Erfahrungen, alles menschliche Leben, alle Existenz in dieser Welt des Raumes und der Zeit. Nichts ist von Dauer. Sogar Ihre Freuden sind Dukkha, weil sie vorüberziehen und wir das wissen. Das erste ist also, ehrlich zu sein, aufzuhören sich vorzumachen, daß das Leben in Ordnung sei und zuzugeben, daß es das nicht ist, daß es das nie war und nie sein wird.

Der nächste Schritt ist die Einsicht, daß die Ursache der Dukkha oder des Leidens, das Begehren ist, das Verlangen, der Durst, die Habgier. Offensichtlich liegt unser Begehren nicht in unseren Lebensumständen, sondern in uns selbst, in unserer Haltung gegenüber diesen Umständen. Deshalb müssen wir unsere Einstellung ändern und das Begehren, das Leiden verursacht, loswerden. Die totale Zerstörung des Begehrens ist das Nirwana, und das ist der Zustand der Erleuchtung, die der Buddha unter dem Bodhibaum erlangte.

DIE HEILUNG DES LEIDENS

Der Buddha war überaus gründlich. Er hat den Weg zum Nirwana in all seinen praktischen Einzelheiten beschrieben, den achtfachen Weg, dem wir folgen müssen. Zunächst ist da die rechte Anschauung, die die Tatsache des Leidens, seine Universalität und sein Entstehen einschließt. Zweitens, die rechte Gesinnung, die Selbstlosigkeit und Mitleid für alle Lebewesen einschließt. Drittens, das rechte Reden, das Schweigen, wenn wir nichts zu sagen haben, einschließt. Viertens, das rechte Handeln, das das meiste von dem einschließt, was wir ein gutes christliches Leben nennen, plus dem Aufgeben von Rauschmitteln: Dieses tugendhafte Verhalten baut den Vorrat der Verdienste (oder gutes Karma) aus, ohne die unser spiritueller Fortschritt unmöglich wäre. Fünftens, das rechte Leben, was bedeutet, der Art von Beschäftigung nachzugehen, in der das rechte Handeln immer ausgeübt werden kann. Sechstens, rechtes Streben, was bedeutet, unsere moralischen, mentalen und spirituellen Übungen weiterzumachen und nie den Mut zu verlieren. Siebtens, rechtes Denken, was bedeutet, unsere Aufmerksamkeit und Konzentration zu entwickeln, bis der rebellierende Verstand sicher unter Kontrolle ist. Achtens und letztens, rechtes Sichversenken, was bedeutet, daß die Ausbildung des Verstandes bis an seine Grenzen gebracht wird und in der vollkommenen Erleuchtung endet.

Das sind zusammengefaßt die acht Schritte auf dem Pfad zur Buddhaschaft und zum Ende des Leidens. Ihre Reihenfolge ist wichtig: Die früheren legen ein sicheres moralisches Fundament, auf dem das erhabene Gebäude buddhistischer Spiritualität sicher errichtet werden kann.

BUDDHISTISCHES VERSTANDESTRAINING

Die Anfangsschritte auf dem achtfachen Weg, bei denen es hauptsächlich um Charakterstärkung und ehrbares Verhalten geht, sind der christlichen Ethik so ähnlich, daß sie keinen weiteren Kommentar benötigen. Und über den achten oder letzten Schritt zur Erleuchtung kann nicht viel gesagt werden: Nur die, die dort sind, wissen, wie es wirklich ist und können keine passenden Worte dafür finden. Der siebte, rechtes Denken oder buddhistisches Verstandestraining – der entscheidende Schritt auf dem Pfad – braucht Erklärung. Was hat Verstandestraining mit Religion zu tun, und welchen Nutzen bringt es überhaupt?

Normalerweise denken wir überhaupt nicht daran, unseren Verstand zu trainieren: Wir hoffen, zurechtzukommen. Wir haben das Gefühl, daß die lebenslange Schulung, unsere Pflichten zu erfüllen, genügt. Als Ergebnis dieser Haltung leiden die meisten von uns schwer. Wir sind Opfer unserer Furcht und des Hasses, unserer Ängste und Ablehnungen, unserer Stimmungen aller Art. Und wir sind nicht in der Lage, längere Zeit bei einer Sache zu bleiben, unfähig, uns wirklich auf das zu konzentrieren, was wir machen. Reife und tatsächlich erfolgreiche Männer und Frauen sind in der Tat die, die eine natürliche Gabe haben, ihren ruhelosen Verstand zu zügeln. Sogar diese würden vom bewußten Training profitieren. Der Rest von uns braucht es dringend.

Lassen Sie uns ein kleines Experiment machen. Schließen Sie Ihre Augen, beobachten Sie Ihren Atem, zählen Sie Ihre Atemzüge, ohne an irgend etwas anderes zu denken, ohne den Verstand auch nur für einen Augenblick wegwandern zu lassen. Bis wohin können Sie zählen, bevor fremde Gedanken (nicht dazugehö-

rende) einfließen? Wenn Sie bis zu zehn Atemzügen zählen können, ohne daß Ihr Verstand irgendwohin abwandert, sind Sie
wirklich begabt! Oder beobachten Sie mal Ihren linken Daumen,
der jetzt die Seite hält, und bemerken Sie, wie lange Sie ihn anschauen können, bevor ein mentales Bild oder eine Vorstellung
undeutlich macht, was Sie sehen. Stimmt es, daß Ihre Aufmerksamkeit außer Kontrolle ist, daß Sie der Sklave und nicht Meister
Ihres wunschbesessenen Verstandes sind? Der Buddhist sagt, daß
das die Ursache all Ihrer Leiden ist, all Ihres Dukkha.

Unser Verstand kann gezähmt werden. Wir im Westen erwarten nicht von der Religion, daß sie diese Aufgabe übernehmen
soll. Die meisten Christen, außer in ein paar Klöstern, sind so
weit entfernt von bewußtem Üben, würden das für egoistisch,
wenn nicht für Zeitverschwendung halten. Wie anders ist das im
Osten, wo ernsthafte Religion Verstandestraining *ist!* Und unter
allen östlichen Religionen besteht der Buddhismus am meisten
darauf und hat bis in alle Einzelheiten beschrieben, wie das gemacht wird.

DIE WICHTIGKEIT DER AUFMERKSAMKEIT
ODER DER ACHTSAMKEIT

Das Herz des Buddhismus ist die Meditation, und das Herz der
buddhistischen Meditation ist Achtsamkeit. Achtsamkeit bedeutet
klares und absichtsvolles Gewahrsein dessen, was hier und jetzt
gesehen oder gehört oder gefühlt wird, ohne irgendeinen Gedanken, der von außen kommt und ohne vergangene Erinnerungen
oder Zukunftspläne wachzurufen. Wenn Sie auf diese Weise eine
Blume betrachten, achten Sie wirklich auf die Blume: Sie sehen
sie, wie sie sich zeigt – scharf, in all ihrer farbigen Lebendigkeit
und all ihrer Form, ohne sie zu benennen, oder sie mit irgend
etwas zu vergleichen, ohne sie abpflücken zu wollen oder über sie
zu sprechen. Das Ergebnis ist, daß Sie eine Frische entdecken, eine
Schärfe, eine Lieblichkeit, die Sie vielleicht seit Ihrer Kindheit
nicht mehr wahrgenommen haben.

Der Lohn der Achtsamkeit macht sich sofort bemerkbar: Die Tore der Wahrnehmung sind offen. Sie beginnen in einer brillanten und aufregenden Welt von Formen und Tönen und Farben, von Geschmack und Gerüchen und Strukturen zu leben, deren Existenz Sie vielleicht ganz vergessen hatten. Aber für den Buddhismus ist das nur ein beiläufiger Bonus. Der Hauptzweck der Achtsamkeit ist, aus dem Verstand ein wirklich leistungsfähiges Werkzeug zu schmieden und dieses Werkzeug dann auf das eigene Zentrum zu richten. Mit anderen Worten, die höchste Achtsamkeit ist Achtsamkeit des Verstandes selbst. Achtsamkeit der eigenen Achtsamkeit. Bis zum Äußersten gebracht ist genau das Erleuchtung.

Auf dieses Ziel hinführend wurden abgestufte Übungen entwickelt, die mit Konzentration auf die eigenen Körperbewegungen beginnen und dann nach innen zu unseren Gedanken und Empfindungen und Emotionen arbeiten, bis wir gründlich all dessen gewahr werden, was hier vor sich geht. Wir übersehen nicht mehr den, der sieht.

Eine beliebte Übung ist zum Beispiel das »Beobachten des eigenen Atems«. Wir haben das gerade versucht – ungefähr eine Minute lang. Ein buddhistischer Mönch oder ein ernsthafter Laie kann das viele Stunden lang am Tag weitermachen oder sogar tagelang hintereinander. Eine andere Übung ist das »achtsame Gehen«, wenn man sich darin trainiert, sich jeder Empfindung beim Bewegen der Beine und im ganzen Körper voll bewußt zu sein. Und so weiter, bei allem, was wir tun: Ziel ist es, voll gewahr zu werden, was hier in diesem Augenblick passiert, und nichts anderes.

Die gleiche Technik soll auch für die Emotionen angewendet werden. Das ist besonders wertvoll, wenn es negative Emotionen sind, so wie Wut, Angst oder Haß. Wir sollen nicht über den Gegenstand da draußen, der uns ärgert, nachdenken, sondern einfach unsere Aufmerksamkeit auf das wütende Gefühl in uns richten, einfach so wie es ist, ohne es zu verdammen oder ihm zuzustimmen. Wenn wir das tun, werden wir nicht nur unserer selbst mehr bewußt und deshalb ein bißchen reifere Menschen. Etwas sehr Dramatisches passiert: Wir hören sofort auf, wütend zu sein. Versuchen Sie es selbst, rät der Buddhist. Das nächste Mal, wenn Sie jemand beleidigt, achten Sie nur auf Ihre Reaktionen. Ohne Ihr wütendes Gefühl wegbringen zu wollen, prüfen Sie es einfach, wissenschaftlich, sorgsam, damit Sie es das nächste Mal kennen. In dem Maße, in dem Ihnen diese Untersuchung gelingt, werden Sie bemerken, daß es bald nichts mehr zu untersuchen gibt! Ihre Wut ist weg, weil Sie sie wirklich angeschaut haben. Es war im Grunde eine Illusion, etwas, das sich durch genaues Hinschauen auflöst.

DIE ENTDECKUNG DES NICHT-SELBST

Aber sogar dieser wunderbare Nutzen – das Beruhigen Ihres Verstandes, bis er von allen negativen Emotionen befreit ist, von aller Launenhaftigkeit, aller Unsicherheit, aller Sehnsucht, allen Behinderungen der Erleuchtung – ist nicht die letzte Absicht der buddhistischen Achtsamkeit. Ihr Ziel ist die Erleuchtung selbst, was nicht nur die Abwesenheit aller Wünsche ist, sondern das zweifelsfreie Sehen, daß man verschwunden ist und daß hier niemand mehr ist, der irgend etwas wünscht – kein Ego, kein Selbst, überhaupt nichts. Genauso wie ein schwacher Stern verschwindet, wenn man ihn direkt anstarrt, *so macht es Ihr wütendes Selbst.* Ihr Körper, Ihr Verstand, Ihr Selbst – das alles und alles andere, das Sie »Ich« und »Meins« nennen, verschwindet, wie die Illusion; Sie kommen direkt in Kontakt damit von Angesicht zu Angesicht. Schauen Sie hin und sehen Sie, ob es nicht so ist. Tatsächlich ist die Wut Teil Ihrer Vorstellung Ihres Selbstes: Lassen Sie diese Vorstellung fallen, und Sie lassen alle Ihre angeblichen Qualitäten fallen. Die wirkliche Schwierigkeit ist Ihre Illusion des Selbstseins.

Diese zentrale buddhistische Doktrin des Nicht-Selbst findet sich in einer Anzahl westlicher sowie östlicher religiöser Traditionen und philosophischer Systeme. Etwas Ähnliches taucht oft in der modernen Psychologie und Philosophie auf. Es gibt den berühmten Fall David Hume, der schottische Philosoph des achtzehnten Jahrhunderts, der, sich selbst beobachtend, nur ein Bündel von Gedanken und Wahrnehmungen und Empfindungen fand,

aber nichts wie ein Ego oder Selbst, um das Bündel zusammen-
zubinden. Er zog es vor, diese Entdeckung durch das Spielen von
Backgammon und das Trinken mit Freunden zu vergessen. Und es
ist in der Tat, sogar für Buddhisten, eine alarmierende Erfahrung,
nach innen zu schauen und zu finden, daß man weggegangen ist!
Es ist unbequem zu erkennen, daß da nie jemand zu Hause war.
Aber diese Bestürzung, sagt der Buddhist, ist nur das Vorspiel zur
Freude und Freiheit. Dieses Selbst los zu sein, bedeutet, endlich
alles Leid, alles Übel los zu sein.

DAS NICHT-SELBST VERSUS ATMAN

Im vorigen Kapitel haben wir gesehen, wie der Hindu-Schüler, der
seine Aufmerksamkeit von den äußeren Dingen wendet, den göttlichen Atman innen fand – den Atman, dessen anderer Aspekt
Brahman oder Gott selbst ist. Nun, zu Zeiten Buddhas scheint es,
daß viele Hindus sich Atman als ein Etwas vorstellten – in extremen Fällen sogar als ein Etwas in der Größe eines Daumens, das in
der eigenen Brust wohnt. Das ist natürlich ein fataler Irrtum: Der
Atman-Brahman oder die absolute Wirklichkeit ist, obwohl
Quelle aller Existenz und Qualität, völlig jenseits von allem: kein
Ding, auch nicht ein Verstand, auch kein Selbst, sondern total frei
von all diesen Begrenzungen. Alles, was man davon sagt, trifft
weit daneben. Sogar die Bezeichnung Atman trifft nicht zu, denn
sie begrenzt das Grenzenlose.

So bestand Buddha darauf, daß es weder Atman noch Brahman,
weder ein individuelles noch ein universelles Selbst gibt. Weil er
aber ein praktischer Lehrer und kein Metaphysiker war, fügte er
hinzu, daß jede Diskussion über diese letzten Dinge nichts als
Spekulation und nutzlos sei. Das einzig Vernünftige sei, dem achtfachen Weg zu folgen, bis wir in der Lage sind, selbst zu *sehen*,
wohin er führt, statt herumzustehen und zu vermuten.

Als Ergebnis dieser Lehre wird der Buddhismus oft als eine
Religion ohne Gott und ohne Seele bezeichnet und deshalb als überhaupt kaum eine Religion. Das ist irreführend. Diese Lehre ver-

neint nicht die Quelle aller Dinge, die Wirklichkeit hinter ihnen, sondern besteht darauf, daß ihre wesentliche Eigenschaft darin liegt, überhaupt keine Eigenschaft zu haben! Der Ursprung ist absolut einzigartig, absolut frei von unseren Vorstellungen über ihn, absolute »Leere«. Die Erleuchteten haben aufgehört, *irgendeine* Qualität oder Namen dem beizulegen, über das sie erleuchtet sind.

THERAVADA ODER SÜDLICHER BUDDHISMUS

Der Buddhismus, den wir bisher beschrieben haben, könnte leicht als wenig begeisternd und kaltblütig erscheinen, kaum eine Religion, die Millionen von Menschen anspricht. Man könnte sagen, daß er mehr angewandte Psychologie als ein Glaubensbekenntnis ist, das das Herz berührt. Überdies ist das Training so anstrengend, daß nur eine Minderzahl von Eingeweihten, von denen jeder für sich allein arbeitet, hoffen könnte, es in diesem Leben zu vollenden. Was also kann ein gewöhnlicher Mensch in einem buddhistischen Land vom Buddhismus haben?

Es ist ja so: Würden wir ein buddhistisches Land im Fernen Osten besuchen, würden wir merken, daß die Menschen im ganzen sehr religiös sind und wahrscheinlich fröhlicher und liebenswürdiger, als wir erwartet haben. Offensichtlich ist der Buddhismus, in seiner Lehre so streng und düster, in seiner Praxis das genaue Gegenteil.

Ein Teil der Erklärung dieses Widerspruchs ist, daß es in der Tat zwei sehr verschiedene Variationen des Buddhismus gibt, zwei große Schulen – die Theravada-Schule, deren Buddhismus von der strengeren Art ist, die wir beschrieben haben, und die etwas jüngere Mahayana-Schule, deren Buddhismus zum tatsächlichen Gegenteil geworden ist. Heute ist die buddhistische Welt geteilt, in die Theravada-Länder im Süden, einschließlich Sri Lanka, Burma und Thailand, und die Mahayana-Länder im Norden, einschließlich Tibet und China (wo der Buddhismus schon über lange Zeit hinweg schwindet), Korea und Japan. In Indien selbst, in Buddhas eigenem Land, ist der Buddhismus bis zum Jahre 1000

n. Chr., außer einem bleibenden Einfluß auf seinen »Elternteil« Hinduismus, praktisch ausgestorben.

Wie kommt es, daß der Großteil der Bevölkerung in den Theravada-Ländern im Süden immer noch enthusiastisch und freudig religiös ist, obwohl der Buddhismus offiziell so wenig Zugeständnisse gegenüber dem weitverbreiteten Geschmack macht? Die Antwort ist, daß die inoffiziellen Zugeständnisse tatsächlich sehr groß sind. Wie im Falle des Hinduismus und der östlichen Religionen im allgemeinen werden viele alte Kulte (einschließlich aller Arten von Bräuchen vom Typ »Versicherungs-Praktik«, die wir im Kapitel zwei fanden) toleriert. Die daraus resultierende populäre Religion besteht aus grenzenloser Verehrung für den Buddha, der praktisch ein Gott ist, viel Respekt für den Sangha (der Orden gelbgekleideter, buddhistischer Mönche), nur wenig Vertrautheit mit dem Dhamma oder der Lehre – und einer sehr großen Zahl phantastischer Überzeugungen und abergläubischer Bräuche, die nicht einmal Rand-Buddhismus sind.

Passiert das zwangsläufig immer, wenn eine Religion zu raffiniert und schwierig wird, daß sie dann in ihrer volkstümlichen Form stark herabgemindert bleibt? Immerhin hat die Religion der Theravada-Länder, so ungereimt ihre Mischung auch ist, insgesamt bis heute sehr gut funktioniert. Zumindest liefert sie ein stabiles Rahmenwerk, in dem Millionen ein einigermaßen zufriedenes Leben führen können. Ob sie als Massenreligion in der modernen Welt überleben kann, ist eine andere Frage.

MAHAYANA ODER NÖRDLICHER BUDDHISMUS

Auch in den Mahayana-Ländern wurden große Konzessionen gemacht, nur geschahen diese innerhalb der offiziellen Doktrin selbst und nicht nur an den volkstümlichen Randzonen. In vielerlei Hinsicht stellt die Lehre des Mahayana das volle Gegenteil der Lehre der Theravada-Schule dar, die behauptet, Buddhas ursprüngliche Botschaft unangetastet bewahrt zu haben.

Der Kontrast ist verblüffend. Das Theravada-Ideal ist der Arhat, der Erleuchtete, der nie in diese Welt des Leidens zurückkehrt und das Nirwana betritt, nachdem er alles Wünschen hinter sich gelassen und erkannt hat, daß es weder Bleibendes noch das Selbst irgendwo gibt. Das Mahayana-Ideal ist der Bodhisattva, der Erleuchtete, der diesen letzten Schritt verweigert und aus Mitgefühl zu allen Geschöpfen wieder und wieder zurückkehrt, bis auch der Geringste unter ihnen erleuchtet ist. Deshalb portraitieren die buddhistischen Künstler den Arhat als schrumpeligen, grimmigen alten Mann und den Bodhisattva als lächelnde, gutmütige, wohlbeleibte Figur, die manchmal, wie ein bartloser Weihnachtsmann, einen großen Sack mit Geschenken trägt.

Es ist gesagt worden, daß der Grundton des Theravada die Weisheit ist und der des Mahayana das Mitgefühl. Dem Arhat geht es um die eigene Erleuchtung, dem Bodhisattva um die aller, außer der eigenen. Der Kontrast ist in Wirklichkeit nicht so stark, wie das scheint. Denn, wie das beide Schulen betonen, Erleuchtung kann keine bloß persönliche oder egoistische Leistung sein, ganz im Gegenteil. Denn Erleuchtung ist ja gerade die Erkenntnis, daß es keine separate Person und kein separates Selbst gibt und gewiß nicht Miriaden von separaten Selbsten, die zur Erleuchtung getrieben werden sollen.

Doch ist der Bodhisattva sicherlich eine der erhabensten und ansprechendsten Schöpfungen des religiösen Denkens: Großmütig, widersprüchlich, opfert er seine eigene nirwanische Glückseligkeit für zahllose Zeitalter von Leiden, bis die Glückseligkeit aller gesichert ist. Christen könnten zu Recht einwenden, daß er nicht wirklich ein Guter Hirte, sondern ein Ideal, ein Mythos ist. Aber selbst dann drückt das Bodhisattva-Ideal perfekt das Grundgefühl des Mahayana aus. Es ist ein lebendes Ideal, eines, das wirkt. Nichts ist mythisch an der Haltung des Bodhisattva.

Der Mahayana-Buddhismus ist eine mitleidsvolle Religion. Und er ist, auch in Teilen, eine Religion der Erlösung durch Glauben, durch Gnade und nicht durch Taten. Da gibt es z.B. die »Reines-Land-Schule« (schon im vierten Jahrhundert v. Chr. gegründet), deren Erlöser der Bodhisattva Amida ist. Der Anhänger betet ihn an, gibt sich ihm hin und glaubt fest an Amida, der seinen immensen Vorrat an Verdiensten all denen überträgt, die sich ihm für ihre Rettung anvertraut haben. Im besonderen verläßt sich der Anhänger auf Amidas Schwur – sein Versprechen, daß, wenn auch nur ein Geschöpf ihn vergebens anrufen würde, seine eigene Erleuchtung verlorenginge. Der Lohn des Vertrauens in die Wirksamkeit von Amidas Schwur besteht darin, daß der Anhänger nach seinem Tod in Amidas Reinem Land – dem westlichen Paradies entsprechend – wiedergeboren wird, wo seine Erleuchtung bald danach erfolgen wird. Sogar heute noch rufen Millionen in Japan und anderen Mahayanistischen Ländern Amidas Namen an und vertrauen ihm. Und in dem Maße, in dem sie wirklich sich selbst in äußerster Hingabe verlieren, kommen sie der Erleuchtung näher. In der Tat ist das Bhakti, der Hindu-Weg der Verehrung, den wir im vorangehenden Kapitel besprochen haben. Und es ist nicht nur ein absolut guter Pfad, sondern der am meisten beschrittene aller Pfade: Er ist breit und leicht genug, um jede Menge Reisende aufzunehmen.

FROMME WIEDERHOLUNG DES JAPA

Das Wiederholen des Namens Amida oder Amithaba ist ein wesentlicher Bestandteil seines Kultes. Diese merkwürdige Praxis zeigt sich in allen großen Religionen – Inder nennen es Japa –, die Übung, einen heiligen Namen oder eine Formel zu wiederholen. Der Anhänger spricht ihn laut oder nur innen aus, manchmal stundenlang hintereinander, jeden Tag, bis es Gewohnheit wird, fast so automatisch wie das Atmen. Beispiele sind das berühmte Tibetische Mantram *Om Mani Padme Hum* (das Juwel im Herzen der Lotusblume) und das Jesus-Gebet der griechisch-orthodoxen Kirche (Herr, erbarme Dich meiner). Oft sind die Worte in einer fremden Sprache und werden nicht ganz verstanden oder sind sowieso nur eine bloße Zauberformel ohne Bedeutung. Dieser fromme Unsinn wirkt trotzdem, wie das zahllose andächtige Mahayanisten gefunden haben.

Warum? Die Erklärung ist einfach. Das Denken insgesamt zu stoppen, alles mentale Geschwätz und Bildermachen gehenzulassen und doch intensiv bewußt zu bleiben – das bedeutet wach zu sein, erleuchtet. Aber diesen Fluß ungesprochenen Geschwätzes auch nur für eine Minute anzuhalten ist (wie wir herausgefunden haben) extrem schwierig. Den Fluß ganz anzuhalten scheint ohne eine Methode wie das Japa unmöglich. Dieser Kunstgriff wendet die Wörter gegen sich selbst und leert den Verstand durch das Entleeren allen Sinnes der Wörter, die er wiederholt. Der Name Amida, zum millionsten Mal wiederholt, ist nicht mehr als ein Wort geworden (wenn überhaupt), aber es kann die Wörter, die vor Bedeutung strotzen, aus dem Bewußtsein drängen. Er kann den Verstand für die Erleuchtung klären.

ZURÜCK ZUM HINDUISMUS?

Ihre Kritiker könnten die Mahayanisten durchaus beschuldigen, sie würden zum Hinduismus zurückkehren und einen Großteil von Buddhas ursprünglicher Lehre umkehren. Statt Ihr eigenes Licht zu sein und die eigene Erlösung auszuarbeiten, dürfen Sie sich fest auf einen anderen verlassen, der es für Sie tut. Statt alles auszuprobieren, was Ihnen gesagt wird, wäre es sinnvoller, eine heilige Glaubensformel zu intonieren. Statt Gautama Buddha als einen weisen menschlichen Lehrer zu respektieren, sollten Sie ihn als wirklichen Gott verehren, eine übermenschliche Figur von unendlichem Glanz und Macht, in einem Pantheon, so groß wie das der Hindus, nur phantastischer. Statt die schlichteste Religion zu praktizieren, die aus markigen Vorlesungen und endlosen mentalen Übungen besteht und die nicht durch Kultus und Zeremonie, Schreine oder Tempel aufgelockert ist, dürfen Sie jedwede irdische Hilfe verwenden, die Kunst ersinnen kann, um religiöse Atmosphäre und Gefühle zu fördern; und das Ganze vervollständigen Sie mit einem spektakulären Aufgebot von Himmeln und Höllen und einem nach Ausmaß und phantasievoller Pracht beispiellosen Kosmos. Sie dürfen sogar mit dem Grundgesetz des

Karmas herumpfuschen: Der Bodhisattva ist einer, der seine Verdienste anderen verleiht! Ohne Zweifel verschafft die Modifikation dem Mahayana-Herzen Ansehen, aber es führt Buddhas Gesetz, daß wir ernteten, was wir säen, ad absurdum. Schließlich läßt das Mahayana Buddhas Lehre der Dukkha und die Allgemeingültigkeit des Leidens und seinen achtfachen Pfad, der zum Auslöschen des Leidens führt, geräuschlos fallen. All das wird nicht abgelehnt, aber teilweise einfach als selbstverständlich angesehen und manchmal überhaupt ignoriert.

Haben wir hier nicht zwei Sekten einer Religion, sondern zwei Religionen, die sich in jeder Beziehung widersprechen?

DIE EINHEIT DES BUDDHISMUS: WEISHEIT, MITGEFÜHL, PRAKTISCHE ANWENDBARKEIT

Die merkwürdige Tatsache ist, daß der Buddhismus trotz dieser immensen Unterschiede seine Einheit, seinen charakteristischen Stil durch alle seine vielen Varianten (von denen wir nur Beispiele gebracht haben) und seine lange Geschichte beibehält. Die Buddhisten selbst, genau wie Außenseiter, spüren diese Einheit. Mönche aus Theravada-Ländern bleiben manchmal in Mahayana-Klöstern und umgekehrt und kommen sehr gern in Meditation zusammen. Um die Wahrheit zu sagen, das Theravada und das Mahayana sind weniger entgegengesetzt als komplementär. Das eine ohne das andere, und der Buddhismus wäre nur noch seine Hälfte.

Außerdem gibt es eine Vorstellung, einen Grundgedanken, den beide Schulen gemeinsam haben, obwohl es dafür viele Namen gibt: Wir können das »Leere« nennen. Das Theravada sagt, daß hinter der Veränderung kein Ding ist, das sich verändert, daß es Leiden gibt, aber keinen, der leidet. Das Mahayana sagt, daß alles leer ist. Wenn Sie durch den Ring der äußeren Erscheinung eines Dinges dringen, und zu dem Ding-in-sich-Selbst in seinem Zentrum kommen, dann finden Sie nur Leere; und das müssen Sie ständig für sich prüfen, indem Sie nach innen die Leere anschauen, die Sie sind. Diese Einsicht ist nicht Nihilismus oder bloße Destruktion, sondern das Bodenbereiten für das Unbeschreibliche. Es ist die wesentliche buddhistische Weisheit.

Liebe und Mitgefühl sind aber ebenso wesentlich für spirituelle Religion wie Weisheit und Einsicht: Diese Wahrheit, dieses notwendige Gleichgewicht ist das besonders Inspirierende des Mahayana. Aber auch der Theravada-Buddhismus weiß davon und schreibt ausführliche Übungen für die Entwicklung edelmütiger Gefühle. Nächstenliebe beginnt zu Hause, deshalb ist das erste, was man machen muß, zu üben, sich selbst zu lieben. (Das ist weder leicht noch unnötig. Wie vieles in der buddhistischen Psychologie ist es grundlegend: Selbstsüchtige Menschen hassen sich selbst unbewußt.) Dann lenken Sie die Liebe wieder zu Ihren Nächsten und Liebsten, auf den größeren Kreis Ihrer Freunde und Bekannten, auf Ihre Gemeinschaft und so weiter, bis Ihr Herz für jedes Geschöpf im Universum schlägt.

Können Sie wirklich warme Gefühle fließen lassen, wie warmes Wasser aus der Leitung? Beide Schulen des Buddhismus sagen, daß Sie das mit genügend Übung können. Denn das ist eine methodische Religion. Sie läßt Sie nicht darüber im Zweifel, was Sie tun sollen und welche Ergebnisse unweigerlich aus Ihrer Bemühung fließen werden.

Zusammenfassend könnten wir sagen, daß Weisheit, Mitgefühl und praktische Anwendbarkeit Eigenschaften des Buddhismus als Ganzes sind.

BUDDHISMUS IM WESTEN

Es ist hauptsächlich diese kühle und sachliche Haltung, die zu dem Interesse geführt hat, das der Buddhismus hier unter Menschen, die Religion ernst nehmen, ausgelöst hat. In unseren Städten sehen wir gelbgekleidete Mönche, oft gibt es Vorträge, und verschiedene Arten von Meditation werden ernsthaft geübt. Wir fangen an, zu erkennen, was der Osten immer schon gewußt hat: Spiritueller Erfolg, wie jeder andere Erfolg, ist weitgehend das Produkt methodischer Arbeit.

Zwei Arten von buddhistischer Meditation sind in Europa und Amerika populär geworden – die Theravada-Übung der Achtsamkeit und Zen. Wir werden den Zen, der eine sehr bemerkenswerte chinesisch-japanische Entwicklung des Mahayana ist, im nächsten Kapitel besprechen.

Dränge weit genug gegen die Leere,
Halte fest genug an der Stille,
Und von den zehntausend Dingen
Kannst Du nicht mit einem umgehen.
Ich habe gesehen, wie sie vergehen.
Schau, alle Dinge, gleich wie sie blühen,
Kehren zur Wurzel zurück, von der sie kamen.
Die Rückkehr zur Wurzel heißt Stille,
Stille heißt Ergebenheit ins Schicksal,
Was dem Schicksal ergeben ist, ist Teil des Immer-So geworden.
Das Immer-So zu kennen, heißt erleuchtet zu sein,
Es nicht kennen, heißt blind ins Unglück gehen.
Der, der das Immer-So kennt, hat Raum in sich für alles,
Der, der Raum in sich für alles hat, ist ohne Vorurteil.
Ohne Vorurteil sein, heißt königlich sein.
Königlich sein, heißt, im Himmel sein,
Im Himmel sein, heißt im TAO sein.
TAO ist ewig und er, der das besitzt,
Ist nicht zerstört, obwohl sein Körper vergeht.

Aus dem *Tao-te-ching* (ca. 3. Jh. v. Chr.)

4 KONFUZIANISMUS, TAOISMUS, ZEN, DIE RELIGIONEN CHINAS

CHINA VERGLICHEN MIT INDIEN

China und Indien sind die beiden großen Länder Asiens. Obwohl sie in ihrer riesigen Größe mit den noch riesigeren Bevölkerungszahlen, im Alter und der Großartigkeit ihrer Zivilisationen vergleichbar sind, so sind diese Zivilisationen doch bemerkenswert verschieden. Das mag teilweise an ihrer Geographie liegen: China hat ein Klima mit einem Temperaturbereich, der dem in den USA ähnelt, wogegen Indien tropisch ist. Und teilweise kann es an der Rasse liegen: Die meisten Chinesen sind Mongolen mit fahler Hautfarbe und schmalen Augen, wogegen die Inder nordisch wie wir sind, vermischt mit dunkelhäutigeren Menschen. Jedenfalls, verglichen mit Indern, sind die Chinesen nicht idealistische oder philosophische oder religiöse Menschen, sondern praktisch, zäh, hart arbeitend, humorvoll, erfinderisch, mit natürlicher Begabung für alle Künste und Handwerke. Das könnte übrigens erklären, warum der nüchterne Engländer sich vertrauter mit Chinesen fühlt als mit den meisten anderen Asiaten.

Dennoch ist die chinesische religiöse Geschichte besonders interessant und reich an ureigenen Entdeckungen. In diesem Kapitel werden wir auf vier Stadien dieser Geschichte schauen: das prä-konfuzianische Stadium (das um 500 v. Chr. zu Ende ging), den Konfuzianismus (ab 500 v. Chr.), den Taoismus (etwa ab 400 v. Chr.) und den Zen-Buddhismus (ab 600 n. Chr.). Wir werden sehen, wie diese Religionen, obwohl scheinbar uneins, doch eine fortlaufende Entwicklung darstellen und ungefähr der Entwicklung eines Menschen von der unbewußten, frühen Kindheit bis zur spirituellen Reife des Alters entsprechen.

DAS PRÄ-KONFUZIANISCHE STADIUM

Die alte Religion Chinas war der Indiens und der alten Welt generell sehr ähnlich – eine Religion vieler Götter, Dämonen und Geister aller Grade, auf deren richtiger Seite man bleiben mußte – wie wir gesehen haben, eine sehr komplizierte Sache. Am wichtigsten von allen waren die Geister der Stammesväter, angeführt vom Urahnen, der im Himmel lebt und kontrolliert, was auf der Erde vor sich geht. Deshalb war das wichtigste, die Gunst der Ahnen, die ihre Wünsche und ihre Zufriedenheit und Unzufriedenheit durch Omen mitteilten, durch richtiges Verhalten, Verehrung und Opfer zu erlangen. Die Kunst des Wahrsagens, die Deutung dieser himmlischen Zeichen, war das wichtigste. Bevor man irgendeinen entscheidenden Schritt tat, mußte man sicher sein, daß man damit Glück haben würde. Man entdeckte den Willen der Götter und Ahnen durch – sagen wir mal – das Feststellen der Planetenstellungen oder durch Beobachten des Verhaltens bestimmter Vögel oder das sorgfältige Betrachten von Sprüngen in Schildkrötenpanzern, wenn sie erhitzt wurden. (Wir tun uns leichter mit Teeblättern in einer Tasse und ich wage zu sagen, daß die Chinesen es auch so gemacht haben.) Wenn die Vorzeichen schlecht standen, schob man das eigene Vorhaben bis zu einer aussichtsreicheren Zeit hinaus. Wenn sie günstig waren, machte man weiter mit dem Gefühl göttlicher Zustimmung, einer besonderen Zuversicht und einem Machtgefühl, das die Chinesen *Te* nannten.

Von alter Zeit her hatten die Chinesen jedoch eine gewisse Vorstellung einer obersten Gottheit. *T'ien* oder Himmel wurde nicht nur ein Ort, wo die Ahnen wohnten, sondern so etwas wie die Vorsehung oder ein unpersönlicher Gott. Die oberste Pflicht des Kaisers, der Sohn des Himmels genannt wurde, war, durch umfangreiche Opfergaben an den Himmel, an einem großen Altar im Freien, für die Sicherheit und das Wohlergehen des Landes zu sorgen. Im Herzen von Beijing steht noch heute der wichtigste dieser Altäre, der sogar noch vor hundert Jahren in Gebrauch war.

VOR ICHBEZOGENHEIT UND MORALITÄT

Obwohl diese frühe Religion in ihren Vorschriften kompliziert war und anspruchsvoll in ihrer Ausübung, war sie in ihrer Geisteshaltung sehr einfach. Soweit wie möglich tat man das, was alle taten, um die himmlische Gunst und Kraft zu erhalten, und war nicht beunruhigt durch Zweifel oder Erklärungen, richtig oder falsch, Gewissen und Pflicht. Rechtschaffenheit bedeutete, das Rechte zu tun; Moralität war das Beachten der *mores*, der Gebräuche. Alles andere war nicht so sehr bösartig, sondern undenkbar. Man war noch kein vollständig moralisches Wesen, noch kein wirklich individuell fühlendes Selbst, um von anderen Individuen getrennt zu sein. Man hatte praktisch keine Seele, die man seine eigene nennen konnte. Deshalb erhob sich die Frage kaum, ob sich diese Seele in einem guten oder schlechten Zustand befand, verloren oder gerettet sei.

Genaugenommen war die Vorstellung, daß der Mensch ein persönliches Selbst oder eine eigene Seele oder einen Verstand habe, wie es für uns heute so offensichtlich ist, in der alten Welt überhaupt nicht offensichtlich. Sogar heute noch wird ein primitiver Mensch nicht sagen, er hätte Angst vor einer dunklen Höhle, sondern er würde von einem schrecklichen Spuk sprechen, der dort wohnt. Er liebt oder haßt Dinge nicht, sondern spürt, daß sie mit günstiger oder bedrohlicher Kraft geladen sind. Wenn man überhaupt davon sprechen kann, daß er einen »Verstand« hat, dann ist dieser nicht »in seinem Kopf«, sondern draußen in der Welt um ihn herum: Seine Gedanken und Gefühle werden auf deren Objekte projiziert. Oder vielmehr waren sie nie von denen getrennt. Mit anderen Worten, er ist in seine Welt ganz und gar ausgebreitet, eins mit der Natur.

Wie ist denn die Vorstellung eines Selbst entstanden? Auf einer Seite waren unsichtbare Gespenster, Geister und Dämonen aller Art; auf der anderen Seite gab es Männer und Frauen, sichtbar und fest genug, offensichtlich keine Geister oder »spirituell«. Es gab aber auch Schamanen oder Medien, merkwürdige Menschen, die von Zeit zu Zeit von einem Geist »besessen« wurden und die auf diese Weise in der Lage waren, für einen selbst mit der Welt der Geister in Kontakt zu treten. Möglicherweise hat das Spektakel dieser »Besessenheit« den alten Chinesen die Vorstellung vermittelt, daß der Körper jedes Menschen die Wohnung eines unsichtbaren Geistes oder Gespenstes, Seele oder Selbst ist. Jedenfalls wurde das Gefühl einer getrennten Ichbezogenheit (das eher ein Gefühl als eine Vorstellung war und ohne Zweifel mehrere Quellen hatte) in den Jahrtausenden vor Christus immer verbreiteter. Und zusammen mit einem eigenen Selbst oder Verstand bekam der Mensch nach und nach eigene Gefühle und Gedanken, ein Gewissen, ein Pflichtgefühl, einen Charakter, ein Seelenleben, eine ganze Persönlichkeit. Er zog seine Projektionen von der Außenwelt »in seinen Kopf«, er wurde ein gänzlich moralisches Wesen. Die alte, einheitliche Existenz war jetzt scharf in Selbst und Nicht-Selbst getrennt.

In biblischer Sprache: Er aß vom Baum der Erkenntnis des Guten und des Bösen, entdeckte die Sünde und wurde vom Himmel getrennt. Er fiel aus dem Paradies. Als er wirklich selbstbewußt wurde, verlor er die Unschuld und Zufriedenheit seiner Kindheit. Aber wenn er zur Reife aufwachsen sollte, war sein Fall unausweichlich.

KONFUZIUS, DER MORALIST

Dieses Aufwachsen begann ohne Zweifel sehr früh in der chinesischen Vorgeschichte und gewiß lange, bevor Konfuzius 551 v. Chr. geboren wurde, etwa zur gleichen Zeit wie Gautama Buddha. Aber es war Konfuzius, der Chinas Mündigwerden bestätigte und zelebrierte, der die neue Haltung und die neue Art Bewußtsein klar und deutlich werden ließ.

Auf manche Weise ähnelt Konfuzius seinem großen indischen Zeitgenossen. Wie Buddha war er rastlos tätig, ein Reisender, ein Organisator von Anhängern, praktisch, an Philosophie als solcher nicht interessiert. Aber da endet auch die Ähnlichkeit. Konfuzius war leidenschaftlich konservativ und weit entfernt davon, die akzeptierten religiösen Vorstellungen und Gewohnheiten seiner Zeit zu verändern. Das alte, unreflektierte Festhalten an den Bräuchen brach zusammen, und eine bewußtere Ethik mußte ihren Platz einnehmen und die soziale Ordnung aufrechterhalten. Konfuzius ging es darum, den Menschen beizubringen, wie sie sich im Einklang mit den Himmelsgesetzen zu ihrem eigenen und zum Nutzen der Gesellschaft verhalten sollten. Kurz, er war ein Moralist. Ihn interessierte nicht nur, was Menschen tun, sondern was sie in ihrem Verstand dazu brachte. Und freilich, jetzt, wo der Mensch einen eigenen Verstand erworben hatte, war es an der Zeit, daß ihn jemand untersuchte.

Am besten läßt sich die Lehre des Konfuzius zusammenfassen, wenn wir seinen idealen Menschen betrachten, seine Vorstellung davon, wie wir sein sollten. So ein Mensch ist weise und menschenfreundlich, ein Ehrenmann und mit guter Erziehung, einer, der gegenüber den weniger glücklichen großzügig ist, ehrfürchtig in der Ausführung des Rituals, ehrerbietig den Ahnen gegenüber, offenherzig, gerecht, nicht egozentrisch, nicht launisch, mutig, sozial gesinnt, treu, frei von Selbstmitleid, zurückhaltend und Extremen abgeneigt, einer, der sich schämt, wenn seine Worte größer als seine Taten wären. »Der Ehrenmann stellt Anforderungen an sich selbst; der Mann ohne Ehre stellt Anforderungen an andere.« »Wenn ein Mann mit guter Erziehung einer Sache gegenübersteht, die er nicht verstehen kann, dann macht er sich selbst Vorwürfe.« – und so weiter. Ein sehr hoher Anspruch! Und merkwürdig vertraut. Dem sind wir alle wahrhaftig schon begegnet. Ist das nicht das (unerreichbare) Ideal des englischen Gentleman, sogar seine inoffizielle Religion, ganz egal, wie rein er, aus sicherer Entfernung, den ganz anderen Idealmenschen der Bergpredigt bewundert?

MO-TI, ÜBER BRÜDERLICHE LIEBE

Nein, der Idealmensch des Konfuzius ist nicht eigentlich sanftmütig und im Herzen bescheiden. Aber er weiß, was Menschen vereint und ein gutes Leben möglich macht. Einer von Konfuzius' wichtigsten Nachfolgern, Mo-Ti, lehrte, daß wir Gott kennenlernen können und unser Verhalten auf seinen moralischen Charakter gründen sollten. Sein Wille ist allumfassende Liebe, die keine Unterschiede kennt: Krieg ist gegen seine Natur und nichts außer Liebe wird wirksam sein. »Der hochherzige Ritter in der großen Gesellschaft muß den Körper seines Freundes als seinen eigenen betrachten«, sagt Mo-Ti. »Das Ergebnis wäre, daß er, wenn er sieht, daß sein Freund hungrig ist oder friert, ihm Essen und Kleider bringt.« Und es war der Meister, Konfuzius selbst, der gesagt hat: »Was Du nicht willst, daß es Dir angetan wird, tue keinem anderen an.« Das war vier bis fünf Jahrhunderte vor Jesus von Nazareth.

Diese Ideale sind nach Konfuzius auch nicht unwirksam. Denn der Verstand enthält von Natur aus vier Prinzipien – Wohlwollen, Gerechtigkeit, Anstand und Weisheit. Diese summieren sich im Herzen eines Menschen zum göttlichen Gesetz. Mit der Seele zog auch der Himmel in den Menschen ein, wurde zum inneren Himmel, zu seinem eigenen Besitz. Die große Bewegung nach innen hat sich angebahnt. Das Hereinnehmen des umgebenden Universums gelangte zum Beobachter im Zentrum.

TAOISMUS VERSUS KONFUZIANISMUS

Das zweite Stadium dieser zentripedalen Bewegung wird durch den Taoismus repräsentiert, die Religion des Tao, tief unter dem oberflächlichen Verstand, der Kern unseres Seins selbst. Dem Konfuzianismus ging es um den Verstand, der die Quelle unseres Verhaltens ist. Dem Taoismus geht es um die ursprüngliche Einfachheit, die die Quelle unseres Verstandes und von allem anderen ist.

Anders als der Konfuzianismus hat der Taoismus keinen historischen Gründer. Der erste und bei weitem der bedeutendste taoistische Weise, von dem wir sicher wissen, Chuang-tzu, wurde wahrscheinlich ungefähr 150 Jahre nach dem Tode von Konfuzius geboren; und das berühmteste taoistische Schriftwerk (unerreicht in der Tiefe seiner Weisheit und dem Zauber seines Stils), das *Tao-te-ching* des Laotse, wurde wahrscheinlich erst ein Jahrhundert später niedergeschrieben. Aber obwohl der Taoismus sich später als der Konfuzianismus entwickelt hat und eigentlich als Herausforderung seiner vorherrschenden Orthodoxie, besteht doch kein Zweifel, daß seine Ursprünge weit zurück im prä-moralischen, sich selbst unbewußten China liegen, als der Mensch und das Universum (mehr oder weniger) in ungestörter Harmonie lebten.

Gewiß ist der Taoismus ein Versuch, natürlich nicht, um zu dieser verlorenen Unschuld zurückzukehren, sondern um etwas sehr Ähnliches zu entwickeln. Deshalb stimmt er in keiner Weise mit seinem Rivalen überein. Der Taoismus ist passiv, wo der Konfuzianismus aktiv ist, spontan, wo Konfuzianismus bedächtig ist, immer nach dem untersten Platz suchend, wo der Konfuzianismus hochherzig (und manchmal ein bißchen hochmütig im Ton) ist, amoralisch, wo der Konfuzianismus angestrengt moralisch ist, leicht und humorvoll, wo der Konfuzianismus ernst ist, nachgiebig, wo der Konfuzianismus energisch ist. Die Losung des Konfuzianismus heißt: Pflicht; die des Taoismus: Laß es gut sein. Man könnte sagen, sie stehen total in Opposition zueinander. Oder man könnte vielleicht besser sagen, daß sie absolut komplementär und ausgewogen sind, zwei Hälften einer Religion, die so tut, als ob sie zwei Religionen wäre, die nebeneinander gedeihen. Gemeinsam bringen sie den Genius Chinas perfekt zum Ausdruck.

DER WEG DES WEISEN

Wie so viele chinesische Wörter, hat »Tao« eine große Vielfalt von Bedeutungen. Darin enthalten: der Weg oder die Straße, die Methode, die Doktrin, die Art und Weise, wie das Universum funktioniert, seine Einheit und sein Ursprung und endlich etwas, wie der Unpersönliche Gott selbst, das absolut Wirkliche. (In der chinesisch-protestantischen Übersetzung des Johannes-Evangeliums wird der *Logos*, das Wort, das Fleisch geworden ist, mit *Tao* übersetzt.) Tatsächlich ist Tao nichts anderes als der Brahman-Atman des Hinduismus, und die Leere des Buddhismus, in chinesischem Stil gekleidet. Leere ist ein beliebtes Synonym für das Tao, das wie der Raum umschlossen von einem Topf ist und ohne den der Raum nutzlos wäre, und wie die ruhende Nabe, ohne die sich ein Rad nicht drehen könnte. Die Taoisten beschreiben es auch als den leeren Raum, das Tal, die unerschöpfliche und bodenlose und formlose Ursache aller Formen, den unbemeißelten Block, das Immer-so, die primäre Einfachheit, die Stille, dunkler als jedes Geheimnis. Am wichtigsten von allem, es ist Das und nicht Dieses. Mit anderen Worten, es ist genau hier. Es ist »Was man wirklich ist«, die eigene Wahre Natur und auch die Natur der Dinge.

Der Taoistische Weise oder der Wissende sieht Das klar und handelt aus dem »Das«, und das macht ihn zu einem Weisen. Und wie er sich von einem konfuzianischen Herrn unterscheidet! Er ist wunschlos, denn das nach außen strebende Wünschen ist das, was die Aufmerksamkeit vom Tao hier im Zentrum ablenkt: Merken Sie, wie genau er mit Buddha übereinstimmt, dessen Erleuchtung oder Nirwana das letzte Auslöschen des Wünschens ist? Er hat keine Meinungen, weil er sich selbst in das Tao stellt, das als Ursprung jeder Meinung absolut unvoreingenommen ist. Er ist untätig, weil jede absichtliche Aktivität das perfekt spontane, natürliche Arbeiten des Tao vereiteln würde: Alles, was er zu tun hat, ist dem Tao aus dem Wege zu gehen. Er gibt nach, bescheiden, sucht stets den niedrigsten Ort, wie das Wasser, und wie Wasser trägt sein Tao sanft den Widerstand der härtesten Hindernisse ab. Er ist kindlich, sogar idiotisch, weil die menschliche Intelligenz eine Art Verschwörung gegen die eigene Basis ist, gegen das Tao, und weil sie dessen perfekte Einfachheit kompliziert und verdreht macht. Seine Weisheit, seine Haltung und Frieden, und seine Kraft, seine Stärke, die genau wie Schwäche aussieht, sie alle kommen von dem leeren Raum, von der Leere in seinem Zentrum, ohne auf dem Weg nach außen von menschlicher Einflußnahme kaputtgemacht zu werden. Deshalb sind sie, auf Dauer, unwiderstehlich. Der große Weise Chuang-tzu, geistreich und tiefsinnig, illustriert dies wie folgt:

Nehmen Sie an, ein Boot überquert einen Fluß, und ein leeres Boot stößt beinahe mit ihm zusammen. Sogar ein reizbarer Mann würde nicht böse werden. Aber angenommen, in dem zweiten Boot wäre jemand. Dann würde der erste Mann ihm zurufen, aufzupassen. Und wenn der andere ihn das erste Mal nicht hören würde, auch nicht nach dreimaligem Zuruf, würde unausweichlich das Schimpfen folgen. Im ersten Fall war kein Ärger, im zweiten gab es ihn; weil im ersten Fall das Boot leer und im zweiten besetzt war. Und so ist es mit den Menschen. Könnte er doch nur leer durch das Leben wandern, wer wäre fähig, ihn zu verletzen?

Das ist die passive, negative Seite des Taoismus, die Kunst, leer zu sein. Seine aktive, positive Seite, die komplementäre Kunst, die Leere für sich handeln zu lassen, wird wieder schön von Chuang-tzu in seiner Parabel vom Koch des Prinzen Hui illustriert:

Dieser zerteilte einen Ochsen. Jeder Schlag seiner Hand, jedes Heben seiner Schultern, jeder Schritt seines Fußes, jedes Schieben seines Knies, jedes »Swisch« vom gespaltenen Fleisch, jedes »Chhk« des Hackmessers war in perfekter Harmonie – rhythmischer als der Tanz des Maulbeerhains, gleichzeitig wie die Akkorde des Ching Shou.

»Gut gemacht!« rief der Prinz. »Das nenne ich Kunstfertigkeit.«

»Herr«, erwiderte der Koch, »ich habe mich immer dem Tao gewidmet. Das ist besser als Kunstfertigkeit. Als ich angefangen habe, Ochsen zu zerteilen, sah ich einfach ganze Ochsen. Nach drei Jahren Übung sah ich keine ganzen Tiere mehr. Und jetzt arbeite ich mit meinem Verstand und nicht mit meinem Auge. Wenn meine Sinne mich bitten anzuhalten, mein Verstand mich aber weitertreibt, falle ich zurück auf ewige Prinzipien.

Ich folge den Öffnungen oder Höhlungen, die da sind, je nach der natürlichen Beschaffenheit des Tieres. Ich versuche, nicht durch Gelenke zu schneiden, noch weniger durch große Knochen. ›Ein guter Koch wechselt sein Hackmesser einmal im Jahr – weil er schneidet. Ein gewöhnlicher Koch einmal im Monat – weil er hackt.‹ Aber dieses Hackmesser habe ich schon neunzehn Jahre, und obwohl ich viele tausend Ochsen zerlegt habe, ist seine Schneide, als ob sie frisch vom Wetzstein käme. Denn an den Gelenken sind immer Spalten, und weil die Schneide eines Hackmessers ohne Stärke ist, ist nichts anderes nötig, als das, was ohne Stärke ist, in so einen Spalt zu schieben. Dadurch wird der Spalt vergrößert und das Blatt findet reichlich Raum. Deshalb habe ich mein Hackmesser neunzehn Jahre lang erhalten, als ob es frisch vom Wetzstein käme.

Trotzdem, wenn ich an eine harte Stelle komme, wo die Klinge auf eine Schwierigkeit trifft, bin ich ganz vorsichtig. Dorthin hefte ich mein Auge. Ich halte meine Hand an und verwende sanft die Klinge, bis mit ›Hwa‹ das Teil weicht und wie Erde auf den Boden fällt. Dann ziehe ich mein Hackmesser heraus, stehe auf und schau mich um, pausiere, bis ich mit triumphierender Haltung mein Hackmesser abwische und es sorgfältig weglege.«

»Bravo!« rief der Prinz. »Von den Worten dieses Kochs habe ich gelernt, wie ich für mein Leben sorgen kann.«

DER NIEDERGANG DES TAOISMUS

Der Taoismus des *Tao-te-ching* und der des Chuang-tzu hat ganz den Duft des Chinesischen aufs schönste zivilisiert und ganz genau so profund wie jede der großen Weltreligionen. Wie kommt es dann aber, daß der Taoismus sehr wenig Wirkung auf die Welt außerhalb Chinas gehabt hat; und innerhalb Chinas selbst ständig zurückgegangen ist, so daß die Reste nur noch dem Namen nach taoistische sind? Und wie kommt es, daß der Konfuzianismus, der eine vergleichsweise unbedeutende Religion ist, seinen Einfluß auf die Chinesen behalten hat und sogar heute noch ihr Leben beeinflußt?

Die Erklärung ist ziemlich klar. Der Konfuzianismus zielt einerseits nicht besonders hoch: Sein Ideal des »Wahren Gentleman« ist sogar dem »Nicht-Gentleman« verständlich. Es ist eine ziemlich vernünftige »Gesunder-Menschenverstand«-Religion. Und das so sehr, daß es anfangs eher ein nobler Verhaltenskodex als eine Religion war, obwohl er sich bald darauf in ein voll erblühtes Glaubensbekenntnis entwickelte, in dem Konfuzius beinahe ein Gott wurde. Der Taoismus auf der anderen Seite visiert seine Ziele wirklich sehr hoch an, so daß er nie eine populäre Religion werden konnte, ohne seine Eigenart ganz zu verlieren. Aber sogar in seiner esoterischen oder reinen Form, als spirituelle Religion für wenige, ist der Taoismus heute praktisch tot. Der Grund dafür ist der, daß er geblieben ist, wie er anfing, poetisch und impressionistisch, ziemlich vage und verschwommen, ergötzlich zu lesen und gelegentlich anzuwenden, wenn man kann, aber selten – es sei denn für einen, der bereits ein Weiser ist – ein praktischer Vorschlag. Er ist keine Disziplin, die in der Lage wäre, unser Leben zu revolutionieren und Weise aus uns zu machen. Er spricht über den erleuchteten Zustand mit wirklicher Autorität und unvergleichlichem Charme, aber er läßt uns, wo wir waren. Es stimmt, er gründete Klöster und entwickelte eigene Techniken der Meditation, aber etwas ging schief: Die Disziplin und der Schwung scheinen gefehlt zu haben. Das ist, wo der Zen in Erscheinung tritt.

ZEN, SPROSS DES CHINESISCHEN TAOISMUS UND DES INDISCHEN BUDDHISMUS

Der Buddhismus sickerte während der ersten Jahrhunderte der christlichen Zeitrechnung von Indien nach China und etablierte sich fest im sechsten Jahrhundert, eintausend Jahre nach dem Tod Gautama Buddhas. Er kam in seiner Mahayana-Form – die ausgearbeitete Form, die scheinbar so anders ist als Buddhas ursprüngliche Lehre. In China wurde der Buddhismus, nachdem er erst einmal angenommen worden war, weiter durch die chinesische Lebenshaltung verändert – eine praktische Haltung, überhaupt nicht geeignet für Höhenflüge religiöser Imagination. Indem er die Essenz des Mahayana nahm (seine Weisheit, besonders die Doktrin der Leere, sein Mitleid und vor allem seine Meditationstechniken) und sie mit der Essenz des Taoismus vereinte (dessen Spontaneität, Einfachheit und Takt), schuf der chinesische Genius den Zen.

Offiziell ist es Zen-Buddhismus, nicht Zen-Taoismus. Und das trotz der Tatsache, daß sich der Zen viel, viel mehr wie Chuang-tzu – und sein herrlicher Fleischer – anfühlt, als irgend etwas in der Mahayana-Tradition aus Indien. Aber der Buddhismus lieferte Methoden und Organisation. Zen schließt ernsthafte Laien nicht aus, ist aber immer vorrangig eine Religion für hochdisziplinierte Mönche in gemeinsamer Bemühung gewesen. Es gibt nichts Schlaffes im Zen. Es ist das härteste spirituelle Training der Welt. Der Zen-Mönch ist die Kommandotruppe im Feld der spirituellen Religion.

LEBEN IN EINEM ZEN-KLOSTER

Wir wollen einen Blick in ein typisches Zen-Kloster werfen. Das Hauptgebäude ist die Meditationshalle, wo die Mönche sich mit gekreuzten Beinen auf zwei langen, niedrigen Plattformen gegenübersitzen. Hier meditieren sie mehrere Stunden am Tag, absolut still und bewegungslos, mit halbgeschlossenen Augen. Der erhöhte Sitz des Abts ist an einem Ende der Halle. Im Mittelgang geht ein Mönch mit einem Stock auf und ab, und wenn irgend jemand Zeichen des Einschlafens zeigt, bekommt er einen Schlag. Jeder Mönch muß täglich den Abt, den er stark verehrt und fürchtet, besuchen, um spirituellen Rat zu bekommen. Und täglich verbringt jeder Mönch Zeit mit harter Arbeit, auf den Feldern oder in den Küchen, den Latrinen oder im Gästehaus. Er hat keine Gelegenheit für ein Schwätzchen, Entspannung oder sogar für Studium; überhaupt keine freie Zeit. Seine Aufgabe, der ganze Grund für das Kloster ist die Zen-Meditation (das Wort »Zen« bedeutet nämlich Meditation), die zum Satori oder der plötzlichen Erleuchtung führt.

DER KOAN UND SEINE LÖSUNG

Worüber meditiert der Schüler? Das hängt davon ab, zu welcher Zen-Sekte er gehört (es gibt mehrere) und vom Stadium seiner spirituellen Entwicklung. Wahrscheinlich hat ihm der Abt einen

Koan zum Lösen gegeben. Ein Koan ist eine Art verrücktes Rätsel, dessen *vollständige* Lösung die Erleuchtung bedeutet. Seine Absurdität ist wesentlich. Es ist kein intellektuelles Rätsel wie: »Was ist der Sinn des Lebens?« Ganz im Gegenteil, sein Zweck ist, den Intellekt zu verwirren, den rastlosen Verstand anzuhalten, um nach unten bis zu seiner unbewußten Quelle zu kommen. Das ist der erste Grund, warum der Koan verrückt ist: Seine Aufgabe besteht darin, das Denken zu unterminieren. Der zweite Grund ist, daß er den Schüler bis zur äußersten Verzweiflung bringen muß. Wieder und wieder schickt der Meister den Schüler fort, manchmal mit Schlägen und großem Ärger und der niederschmetternden Bemerkung, daß er so weit wie eh und je von der Lösung des Koans entfernt ist. Diese gnadenlose Behandlung dauert Monate und Jahre. Er wird vielleicht niemals – in diesem Leben – Satori oder Erleuchtung erreichen. Aber er gibt nicht auf.

Der dritte Grund, warum der Koan verrückt ist, ist der, daß er das nämlich nicht ist: Es ist der Schüler, der verrückt ist! Lassen Sie mich versuchen, das zu erklären. Der bekannteste Koan von allen – der Schlüssel zu ihnen allen – ist der Koan des Wirklichen oder Ursprungs-Gesichts. In heutiger Sprache ausgedrückt, bedeutet es etwa dies: »Hör auf, irgend etwas zu wünschen, hör auf zu denken, entspanne Dich, vergiß alles, was Du meinst, von Dir zu wissen (einschließlich dem, was Du da drüben im Spiegel siehst), schau genau hier hin, da wo Du jetzt bist, und *sieh, wie Dein Gesicht jetzt aussieht* – das Gesicht, das Du hattest, bevor Du geboren worden bist.« Beachten Sie, daß der Schüler *sehen* muß: Es genügt nicht die Tatsache zu *verstehen*, daß sein Wirkliches Gesicht nur ein anderer Name für den leeren Raum des Mahayana-Buddhismus, der Leere des Taoismus, des Atman-Brahman des Hinduismus ist. Er muß sein Wirkliches, nicht-menschliches Gesicht *sehen* und muß es sogar noch klarer sehen, als er dieses andere, menschliche Gesicht, ungefähr einen Meter vor sich im Spiegel sieht – das Menschengesicht, das nie seines war.

Wenn das für uns keinen Sinn macht, sollte uns das nicht überraschen. Es macht auch für den Schüler keinen Sinn. Oder es macht auch zuviel Sinn. Worum es geht, ist Sicht, nicht Sinn. Aber eines

Tages kommt der Schüler schließlich ans Ende seiner Denkmöglichkeiten und gibt auf, kann nicht mehr denken, und dann, in totaler Verzweiflung, bleibt nur das – Schauen: Auf einmal, blitzartig sieht er sein Wirkliches Gesicht und ist erleuchtet. Schwitzend, zitternd und lachend vor Freude, eilt er in die Gegenwart seines Meisters. Und der Meister streicht – all seine Wildheit ist vergangen – sanft den Kopf seines knienden Schülers. Erklärungen sind unnötig, sowieso unmöglich. »Endlich«, sagt der Meister liebevoll. »Endlich *siehst* Du!«

»Wie konnte ich etwas so Naheliegendes nicht bemerken?« flüstert der Schüler.

»Es ist zu klar«, erwidert der Meister, »deshalb ist es schwer zu sehen! Menschen können Einfachheit nicht aushalten: Sie mögen es, wenn die Dinge schwierig und kompliziert sind. Die Schwierigkeit ist, daß es zu leicht ist!«

ERLEUCHTUNG

Normalerweise liegt die Erleuchtung am Ende einer sehr langen, harten Schulung. Es gibt aber Fälle, wo sie sehr schnell und wirklich leicht gekommen ist. Die buddhistische Erklärung ist, daß die notwendige Mühe in früheren Leben geleistet wurde, von der einer jetzt die Frucht erntet. Jedenfalls kann niemand im voraus wissen, wie lange es in seinem Fall dauern wird, bis seine Erleuchtung eintritt; es kann in den nächsten fünf Minuten passieren oder nach fünfzig Jahren spiritueller Bemühung. Angenommen, Sie, die Sie dieser Beschreibung des Zen bisher sorgfältig gefolgt sind, würden in diesem Augenblick Ihr Wirkliches oder Ursprungs-Gesicht ganz klar sehen – warum wären Sie dann ebenso wahrhaft erleuchtet wie ein Schüler, der dazu Jahre gebraucht hat? Dann wären Sie einer der seltenen Fälle müheloser Erleuchtung. Und Ihr Alter, Ihre Religion, Ihr sittliches Verhalten, Erziehung, Geschlecht, sogar Ihre Intelligenz hätten praktisch nichts damit zu tun! Die »Erklärung« läge dann (gemäß dem Buddhismus) in Ihrem guten Karma, oder Sie ziehen es vielleicht vor, es schiere Gnade zu nennen.

Sehr viel wahrscheinlicher ist es, daß Sie ernsthafte Zweifel über die ganze Angelegenheit hegen. Wie kann man denn sicher sein, ob Erleuchtung überhaupt je wirklich eingetreten ist, ob von der Zen-Sorte oder irgendeiner anderen? Natürlich sprechen die Bücher davon, aber sind die zuverlässig? Beinahe alle Berichte, die wir haben, verwenden merkwürdige Worte. Zum ersten Mal wurden sie vor Hunderten von Jahren aufgezeichnet, im Chinesischen oder einer anderen schwierigen Sprache. Und dabei haben sich wahrscheinlich alle Arten von Fehlern eingeschlichen – von Wunschdenken und frommer Erfindung bis zu schlechter Übersetzung. Gibt es überhaupt irgendeinen neueren, verläßlichen, zugänglichen Beweis? Und wenn das so ist, gibt es dann nicht vielleicht andere, wissenschaftlichere oder psychologische Erklärungen? Noch mal, wie verträgt sich Erleuchtung mit dem Leben, wie können wir sie erkennen und testen? Welchen spürbaren Unterschied macht sie? Schließlich: Ist Erleuchtung je wirklich für irgend jemanden spontan und mühelos eingetreten?

Nun, da gibt es die immense spirituelle Erfahrung des Ostens, die nicht leicht abgetan werden kann. Den Beweis muß jeder von uns selber beurteilen. Was mich betrifft, schlage ich vor, alle diese Fragen zusammenzufassen und zu beantworten, indem ich sage, daß ich persönlich, Tag für Tag und aus größter Nähe, Zeuge mehrerer Fälle wirklichen Erwachens oder von Erleuchtung gewesen bin. Von einer finden Sie eine kurze Beschreibung im Anhang.

ZEN HEUTE

Ich habe versucht, Ihnen einen Eindruck von dem zu vermitteln, was das Zen-Erlebnis ist, denn das ist für unsere Studie wichtig: Zen ohne Satori ist beinahe wie *Hamlet* ohne Prinz. Es ist unnötig, etwas über die lange und sehr bewegte Geschichte der Zen-Sekten, zunächst in China und Korea, dann in Japan (wo sie noch existieren) zu sagen. Vermerkt sei nur, daß der Zen wegen seiner Disziplin und Brauchbarkeit (auf jeden Fall verglichen mit dem Taoismus) seine Standards und seine Wirksamkeit als spirituelle

Religion erhalten hat. Heute existieren, wie während der vergangenen 1400 Jahre, eine Anzahl wahrhaft erleuchteter Zen-Männer und eine erhebliche Anzahl von intensiv-ernsthaften Anhängern, manche von ihnen Mönche und manche Laien.

Und der Zen findet immer noch ausgezeichneten Ausdruck in der bemerkenswerten japanischen Kunst des Judo, im Blumenstecken, dem Bogenschießen, der Schwertkunst, dem Malen und dem Theater. Im besten Fall ist das Üben jeder dieser Künste unter einem qualifizierten Meister ein echter, wenn auch sehr langer und mühsamer Weg. Jeder ist eine wirkliche »Meditation« oder ein Kurs spiritueller Übungen, der zur Erleuchtung-im-Handeln führen kann. Wenn der Schüler verschwindet und Es das Loslassen des Pfeiles oder den Wurf des Gegners übernimmt, dann wird er, »was er wirklich ist«. Sein Handeln kommt direkt vom Zentrum, der innersten Quelle, völlig gewahr, aber ohne menschliche Einmischung.

DIE VIER STADIEN
DER CHINESISCHEN RELIGION

In diesem Kapitel haben wir eine große Strecke zurückgelegt. Jetzt wollen wir uns einen großen Überblick verschaffen. Als erstes, das prä-konfuzianische oder prä-moralische Stadium, als der Mensch, wie ein kleines Kind, noch nicht seiner selbst bewußt war, noch nicht von der Natur als ganzer getrennt, noch nicht im Besitz einer Eigenart oder eines eigenen Verstandes. Dann haben wir das konfuzianische oder moralische Stadium betrachtet, als der Mensch mühsam zum Selbstbewußtsein und seinem Abgetrenntsein von der Natur und den anderen Menschen aufwuchs und dabei nicht nur einen Verstand, sondern alle Arten mentaler Funktionen erwarb. Drittens, haben wir uns das taoistische oder postmoralische Stadium angesehen, als der Mensch die spirituelle Reife erlangte und noch tiefer in sein Sein eindrang und dabei die Hüllen des Körpers und des Verstandes hinter sich ließ und den Kern der Leere entdeckte. Und schließlich der Zen, in dem diese Bewegung nach innen absichtlich und präzise vorgenommen und bestätigt und vollendet wurde. Die Leere wird klar und ständig gesehen. Es sieht sich selbst – und handelt unbehindert.

Das Rad hat eine ganze Umdrehung gemacht und das letzte der vier Stadien kommt zurück zum ersten. Der Primitive hat, wie das sehr junge Kind, kein »Selbst«, noch hat das der erleuchtete Mensch. Deshalb wird er so oft als kindlich beschrieben, als Kleinkind oder sogar als verrückt. Aber da besteht natürlich ein wesentlicher Unterschied. Anders als der Erleuchtete, *merkt* der Primitive nicht, daß er kein »Selbst« hat, daß er leer ist, unbehindert von Körper und Verstand: Seine Aufmerksamkeit ist in der Außenwelt festgemacht. Die Aufmerksamkeit des Erleuchteten ist auf die Innenwelt geheftet, auf Dies, auf die Leere hier, und er sieht Das, die äußere Welt nur als im Dies reflektiert. Kurz gesagt, sich des Selbst unbewußt sein (wie das kleine Kind oder der Primitive), ist wirklich ganz anders, als sich des Nicht-Selbst bewußt zu sein (wie der Taoist und der Zen-Mensch). Wenn das das gleiche wäre, dann wären alle kleinen Kinder und Primitiven – ganz abgesehen von den Tieren – erleuchtete Wesen! Und auch jeder, der sich zeitweilig »selbst verliert«, in Gedanken oder in seiner Arbeit oder im Spiel. Erleuchtung ist das genaue Gegenteil von Geistesabwesenheit. Es ist Gegenwärtigsein. Es ist die perfekte Anwesenheit des »Geistes« – wo der »Geist« sich selbst sieht.

Im Anfang war das Wort, und das Wort war bei Gott, und das Wort war Gott. Im Anfang war es bei Gott. Alles ist durch das Wort geworden, und ohne das Wort wurde nichts, was geworden ist. In ihm war das Leben, und das Leben war das Licht der Menschen. Und das Licht leuchtet in der Finsternis, und die Finsternis hat es nicht erfaßt.

Es trat ein Mensch auf, der von Gott gesandt war; sein Name war Johannes. Er kam als Zeuge, um Zeugnis abzulegen für das Licht, damit alle durch ihn zum Glauben kommen. Er war nicht selbst das Licht, er sollte nur Zeugnis ablegen für das Licht. Das wahre Licht, das jeden Menschen erleuchtet, kam in die Welt.

Er war in der Welt, und die Welt ist durch Ihn geworden, aber die Welt kannte Ihn nicht. Er kam in Sein Eigentum, aber die Seinen nahmen Ihn nicht auf. Allen aber, die Ihn aufnahmen, gab er Macht, Kinder Gottes zu werden, allen, die an Seinen Namen glauben, die nicht aus dem Blut, nicht aus dem Willen des Fleisches, nicht aus dem Willen des Mannes, sondern aus Gott geboren sind. Und das Wort ist Fleisch geworden, und Er hat unter uns gewohnt, und wir haben Seine Herrlichkeit gesehen, die Herrlichkeit des einzigen Sohnes vom Vater, voll Gnade und Wahrheit.

Johannes-Evangelium (um 100 n. Chr.)
der Prolog 1–14

5 JUDAISMUS UND CHRISTENTUM, DIE RELIGIONEN DES WESTENS

NACHHAUSEKOMMEN

Die Religionen des Alten und Neuen Testaments – endlich sind wir zu Hause! Einer der Höhepunkte einer Urlaubsreise, bei der man fremde und entfernte Plätze besucht hat, ist das Vergnügen, am Ende wieder nach Hause zu kommen, an den Ort und zu den Menschen, die wir kennen und schätzen. Ein anderer Höhepunkt ist, daß wir nach unserer Rückkehr ein oder zwei Stunden lang unsere Wohnung mit offenen Augen sehen. Wenn wir nie ins Ausland gereist wären, hätten wir nie richtig erkannt, wie unsere Wohnung aussieht oder sich sogar anfühlt.

Für diejenigen von uns, die in der christlichen Tradition aufgezogen wurden, muß es immer ein »Da-ist-etwas-dran«-Christentum sein, eine unbeschreibliche Anziehungskraft, eine einzigartige Tiefe. Spätestens merken wir das, wenn Weihnachten kommt. Der alljährliche Weihnachtsgottesdienst am King's College in Cambridge beginnt mit der Prozession, die sich langsam zum hellen Gesang eines Knabenchors, ohne Begleitung durch die Kirche bewegt. *Einmal in König Davids Stadt* – das ist einer jener Augenblicke, in denen wir wissen, daß das Christentum uns in Blut und Knochen steckt. *Der Herr ist mein Hirte*, vom ganzen Chor gesungen, ist mit Sicherheit auch solch ein Moment. Oder auch Gregorianischer Choralgesang in einer großartig widerhallenden, gotischen Kathedrale, der mit all der angesammelten Herrlichkeit und Ehrfurcht von tausend Jahren christlicher Gottesdienste auf uns herunterkommt: eigentlich direkt aus dem Herzen der Dinge kommend und dabei mehr über dieses Herz im Schluß eines einfachen Choralgesanges sagend, als alle Theologie, die je geschrieben wurde.

DIE JUDEN UND IHR GOTT

Der dreiundzwanzigste Psalm ist natürlich von einer anderen Religion ausgeliehen. Das Christentum verdankt so viel dem Judaismus, der Religion der Juden oder Hebräer – tatsächlich begann es als eine jüdische Sekte –, so daß wir zunächst diesen alten Glauben anschauen müssen. Er steht in schärfstem Widerspruch zu den Religionen, die wir bisher besprochen haben. Wir haben das letzte Kapitel und die erste Hälfte dieses Buches mit dem Zen beendet – dem Extremfall östlicher Mystik. Jetzt beginnen wir die zweite Hälfte mit dem Extremfall westlicher, ethischer Religion, der Religion, die am wenigsten mystisch ist.

Die alten Juden waren den Völkern, die Seite an Seite mit ihnen im Nahen Osten lebten, sehr ähnlich – nach Rasse semitisch und zunächst nach Religion polydämonistisch. Das heißt, sie verehrten alle Arten von Geistern und Göttern, sehr ähnlich den alten Chinesen oder Indern. Der oberste dieser Götter war ihre Stammes- oder National-Gottheit, Jahwe, ihr eigener göttlicher Beschützer und Kriegsgott. Mit der Zeit wuchs Jahwes Autorität, bis er alle anderen Götter dominierte und am Ende der Gott des Himmels und der Erde, der Eine Wahre Gott wurde, der dennoch an den Juden sein besonderes Interesse behielt. Sie blieben sein Auserwähltes Volk, durch das er seine Absichten in der Geschichte entwickelte.

PROPHETEN UND PRIESTER

Dieser Eine Gott enthüllte seine Absichten durch Moses, den großen Gesetzgeber, und die Propheten – ungewöhnliche Männer, die wie die Schamanen auf einer niedrigeren kulturellen Ebene von Zeit zu Zeit von einem Geist »besessen« wurden. Durch sie sprach Er zu seinem Volk, warnte, tadelte, befahl, verkündete Seine Wünsche für ihre genaue Lebensführung. Die wichtigste seiner Botschaften für sie war: Erstens, daß er der Einzig Wahre Gott sei, der Einzige, der verehrt werden sollte; und zweitens, daß die wiederkehrende Tendenz des Volkes, zum alten Geisterglauben zurückzukehren, die schlimmste Sünde und der Hauptgrund für den göttlichen Zorn und ihr Leiden als Nation sei. Das Alte Testament ist weitgehend die Geschichte vom Monotheismus der Propheten, der allmählich über den Polytheismus des Volkes triumphierte.

Das Alte Testament beschreibt auch einen völlig anderen religiösen Mann – den Priester, den Experten für den öffentlichen Gottesdienst. Seine Rolle ergänzte die der Propheten. So wie der Prophet von Gott herab zu den Menschen wirkte, so wirkte der Priester vom Menschen nach oben, so daß die Verbindung zwischen Himmel und Erde aufrechterhalten blieb. Propheten dolmetschten Gott dem Menschen, während Priester Gott dem Menschen anempfahlen und in seinem Namen die notwendigen Gebete und Opfer verrichteten. Diese Opfer und insbesondere das rituelle Schlachten von Tieren – üblich in den meisten frühen Religionen – dienten dazu, Sünden wiedergutzumachen und den göttlichen Zorn abzuwenden, für vergangenes Wohlwollen zu danken und für zukünftiges zu sorgen. Der Anblick von Blut, das auf den Altar ausgegossen wurde (Blut hat für primitive Menschen große magische Kraft) und der Geruch brennenden Fleisches sollten die Gottheit besänftigen. (In manchen Religionen galten die Opfer als Nahrung für die Gottheit, ohne die sie schwächer sein und die Natur zusammenbrechen würde.)

Als die jüdische Religion sich unter dem Einfluß der Propheten höherentwickelte, machten die Tieropfer Platz für »das Opfer eines demütig büßenden Herzens«, das Gott besser gefiel als jedes Brandopfer. Tatsächlich spiegelt sich die moralische Entwicklung der Juden vollkommen wider in der moralischen Entwicklung ihres Gottes. Von einem launenhaften, jähzornigen und unbedeutenden orientalischen Potentaten zu einem gerechten und barmherzigen Gott und am Ende zu einem liebenden Vater – sogar Vater der Nichtjuden. Aber immer unterscheidet er sich ganz klar von seinen Kindern. Sein heiliges Wort ist niedergeschrieben, Sein Geist tritt in die Propheten ein, Sein Gesetz lebt im Herzen der Rechtgläubigen; aber Er bleibt weit entfernt, transzendent, unbeschreibbar heilig. Der Judaismus lokalisiert Gott nicht in uns: Er ist nicht mystisch. Sein idealer Mensch ist einer, der das ganze Gesetz nach Buchstabe und Geist verwirklicht, die Schriften auswendig aufsagt und demütig mit seinem Gott wandelt. Sie gehen nebeneinander, ohne jede Möglichkeit zu verschmelzen.

Es mutet ironisch an, daß eine Rasse und ein Glauben, die so entschlossen sind, Gott und Mensch auseinanderzuhalten, Jesus von Nazareth hervorbringen sollten, den heute Hunderte von Millionen als Gott verehren.

JESUS VON NAZARETH

Es gibt keinen Zweifel, daß Jesus eine wirkliche, historische Person war, daß die Geschichte seines Lebens und Todes, wie sie im Matthäus- und im Markus-Evangelium erzählt wird, im großen und ganzen wahr ist. Die Einzelheiten – einschließlich der Berichte über die Jungfrauengeburt, die Auferstehung und die besonders spektakulären Wunder – sind eine andere Sache. Christliche Gelehrte werden noch jahrhundertelang die Beweise disputieren und untersuchen. In der Zwischenzeit werden die gewöhnlichen Christen die Evangelien einfach glauben, ohne sich über Widersprüche oder Unwahrscheinlichkeiten Sorgen zu machen.

»Was halten Sie von Christus?« – das ist die entscheidende Frage, die wir selbst zu beantworten haben. Solange wir das nicht tun, wissen wir nicht, ob wir Christen sind oder nicht. Hier wollen wir zwei Meinungen, zwei Auffassungen über Jesus aus der großen Zahl der verfügbaren, betrachten. Die erste könnten wir eine »liberale« Sichtweise, die zweite eine »konservative« oder »orthodoxe« nennen. Oder wie manche Christen sie nennen würden, eine äußere – oder nicht-christliche – Sichtweise und eine innere – oder christliche – Sichtweise von Jesus.

EINE »UNORTHODOXE« ANSCHAUUNG VON JESUS

Jesus war der letzte – oder vorletzte – und bei weitem der größte der hebräischen Propheten. Wie sie alle verkündete er seine Gott-Erfülltheit: »Der Geist des Herrn ist über mich gekommen, weil er mich gesalbt hat, um die Evangelien zu predigen ...« Und wie so viele von ihnen predigte er tauben Ohren. Er wurde abgelehnt, entehrt und wie ein Verbrecher hingerichtet.

Seine Botschaft war, daß die Kraft hinter dem Universum selbstgebende Liebe ist und wir uns gegenseitig bis zum Letzten lieben müssen, so wie Gott uns liebt. Das ist nicht neu – andere hebräische Propheten und andere Religionen sagen (wie wir gesehen haben) tatsächlich ähnliches. Aber der Nachdruck, die Intensität, die Würde der Schilderung – untrennbar verbunden mit der ergreifenden Lebensgeschichte und der außergewöhnlichen Persönlichkeit Jesu – sind gewiß einzigartig, und die Wirkung auf seine Anhänger war einfach überwältigend.

Jesus war aber viel mehr als ein Prophet, der von Gottes Geist bewegt war, mehr als ein menschliches Gefäß oder zeitweiliges Sprachrohr dieses Geistes. Ein großer religiöser Geist, mit größter Wahrscheinlichkeit ohne einen Guru oder eine mystische Tradition, die in der Lage gewesen wäre, seine immensen Begabungen zu fördern. Er wandelte sich vom menschlichen Gefäß zum göttlichen Inhalt: Er wurde mit dem ihm innewohnenden Geist identisch. Er wußte sich eins mit dem Vater, nicht länger der Land-Zimmermann, sondern Gott Selbst. Wenn dieser Bewußtseinswandel aber im Indien seiner Zeit (oder sogar heute) eingetreten wäre, hätten weder Jesus noch seine Anhänger das als irgendwie besonders empfunden. Das ist das Wesentliche an der Erleuchtung, das jeder Avatar und Weise erfahren hat – diese Befreiung vom »Menschsein« in das »Gottsein«. Genau dieses Erleben ist das bewußte Ziel zahlloser ernsthafter, spirituell Suchender im Osten und die höchste Bestimmung von allen. Aber im unmystischen Judentum war diese Erfahrung beinahe jenseits aller Frage: Wenn sie überhaupt eintrat, durfte man auf keinen Fall darüber sprechen.

Jeder, der öffentlich behauptet, der Sohn Gottes zu sein oder eins mit Gott oder tatsächlich Gott selbst, würde eine schreckliche Blasphemie begehen – es sei denn, er *wäre* wirklich Gottes einziger Sohn! So war Jesus mehr oder weniger gezwungen, die Einzigartigkeit seiner Göttlichkeit zu behaupten oder mindestens für sich behaupten zu lassen.

Wir können nicht sicher sein, inwieweit der historische Jesus sich selbst als Gott, auf eine Weise, wie es kein anderer Mensch je sein könnte, betrachtet hat. Seine Anhänger hatten nicht seinen mystischen Geist, fühlten aber seine Anziehung und Autorität; und so, sehr verständlich in diesem unmystischen Land, kamen sie dazu, ihn als in einer besonderen Kategorie stehend zu sehen. Zunächst in der Rolle des versprochenen nationalen Erretters, des Messias, des vom Himmel gesandten Helden, der die Juden aus der politischen Knechtschaft und dem moralischen Verfall befreien würde. Und es scheint, daß er diese Rolle, ohne ihre politischen Verwicklungen, akzeptiert hätte. Und in steigendem Maße sahen sie ihn in einer göttlicheren Rolle, als den einzigen Mittler, der in seiner Person den idealen Propheten (der dem Menschen Gott übersetzt) und den idealen Priester (der den Menschen mit Gott in Einklang bringt) verbindet, weil er gewissermaßen beides, Gott und Mensch zugleich war.

Seine Kreuzigung schien zuerst das Ende aller Hoffnung für seine Schüler und das totale Versagen seiner Mission zu sein. Aber sehr bald wurde das in ihren Augen der Haupt- und Höhepunkt dieser Mission. Seine Rolle wurde erweitert: Nun war er nicht nur Prophet und Priester, Gott und Mensch, sondern das letzte und vollkommene Opfer, das Gott und Menschen versöhnt und vereint. Sein grauenhafter Tod wurde als die Erfüllung angesehen, als die eigentliche Bedeutung der jahrtausendelangen Tieropfer. Gott selber, der in der Person seines geliebten Sohnes der perfekte Mensch geworden war, ist jetzt das heilige Opfer, dessen vergossenes Blut die Menschensünden ein für allemal wiedergutmacht. So bleibt Gott absolut gerecht und doch absolut liebend, und der Mensch ist gerettet – vorausgesetzt, er legt sein ganzes Vertrauen in Seinen einzigen göttlichen Sohn und die Wirksamkeit seines Selbstopfers.

Mit anderen Worten: Jesus Christus wurde für seine jüdischen Anhänger die vollständige Erfüllung des Judaismus als einer Religion, indem er in sich selbst alle dessen verstreute Bedeutungen zusammenfaßte und seine tragische Geschichte krönte. Kein Wunder also, wenn im Niederschreiben seiner Lebensgeschichte in den Evangelien ihre Verehrung und ihre Liebe für ihn eher eine poetische als eine wissenschaftliche Darstellung inspirierte. Von frommen Biographen, seien es Schüler von Gautama Buddha oder Konfuzius oder Jesus Christus, kann nicht erwartet werden, daß sie Geschichte schreiben.

Aber der Geist der Evangelien ist wahr. Sie verzeichnen, wie das keine nüchterne Erzählung je könnte, die lebendige Erfahrung der Schüler, den Eindruck, den ihr Meister auf sie machte. Gebannt von der Faszination seiner Erleuchtung, seines Erwachens in die Gottheit, taten sie ihr Bestes, uns alle in diesen Bann zu bringen. Und wie gut ihnen das gelungen ist! Wer kann sich in der Geschichte der Religion, in der Geschichte der Welt, mit Ihm vergleichen?

EINE »ORTHODOXE« BETRACHTUNG VON JESUS

Dies ist eine Betrachtung, ein Beispiel von vielen Meinungen, die Menschen über Jesus haben. Ob man das eine christliche Betrachtungsweise nennen kann, können Sie entscheiden. Unser zweites Beispiel ist ganz anders.

Es behauptet, daß die Evangelien (außer dort, wo sie sich auffällig widersprechen) eine zutreffende Aufzeichnung der Ereignisse in Judäa von vor beinahe 2000 Jahren ist. Die gesamte Geschichte – einschließlich der Verkündung der jungfräulichen Geburt, der Weisen aus dem Morgenland und ihrem Stern im Osten, die Auferweckung des Lazarus von den Toten, die Speisung der Fünftausend, die Wiederauferstehung und die Himmelfahrt – alles ist wahr, wie es geschrieben ist und nicht bloß symbolisch. Denn wenn Jesus der ist, der er zu sein behauptet, Gottes einziger Sohn, wenn er kein Betrüger ist, dann ist es unwahrscheinlich, daß Gott ihn im Stich gelassen und eine entstellte Darstellung seines großen

Plans für die Errettung der Welt toleriert hätte. Entweder akzeptiert man Jesus nach seiner eigenen Bewertung, in diesem Fall akzeptiert man alle Evangelien, die ihn verkünden; oder man lehnt beides ab. Das ist die Herausforderung von Jesus, die Wahl, die er uns aufzwingt und die sich nicht vermeiden läßt.

Die Bibel – und besonders das Neue Testament – ist also Gottes Wort an den Menschen, so einzigartig unter den heiligen Schriften der Welt wie Jesus unter den Menschen ist. Und seine Botschaft ist dies: Jesus ist der einzige Erlöser, der einzige Vermittler zwischen Gott und dem Menschen, und sein Tod am Kreuz ist zugleich das endgültige Opfer für unsere Sünden und die endgültige Enthüllung der Natur Gottes, die reine Liebe ist. »Denn Gott hat die Welt so geliebt, daß er seinen einzigen Sohn hingab, damit jeder, der an ihn glaubt, nicht zugrunde geht, sondern das ewige Leben hat.« Alles ist bereits erreicht, unsere eigenen Bemühungen taugen nichts. Von uns wird nur verlangt, uns auf dieses perfekte Werk der Erlösung zu verlassen, uns in totaler Hingabe ihm zu Füßen zu werfen und *gerettet* zu sein. Gott wird uns nicht absichtlich bestrafen, wenn wir Seinen Sohn ablehnen: Aber diese Ablehnung und unsere nachfolgende Abtrennung von Gott *ist* die Hölle, ist ewige Verdammnis.

Das ist unsere zweite beispielhafte Antwort auf die Frage: »Wer ist Jesus?« Wenn wir für einen Augenblick die Frage nach ihrer Wahrheit beiseite lassen, wollen wir ihre Wirksamkeit betrachten: In zahllosen Fällen hat sie funktioniert. Männer und Frauen sind aus Unglück, Sünde, Egoismus und der Bedeutungslosigkeit ihres Lebens gerettet worden. Im besten Fall bringt diese Art Religion wahre Heilige hervor. Und so, müssen wir dazufügen, tut es die Reines-Land-Religion Chinas und Japans auch, in der (wie wir gesehen haben) der streng religiöse Mensch, der sich ganz Amidas Liebe hingibt und sich nur auf Amidas Verdienste und seinen Schwur, alle, die ihn anrufen zu retten, verläßt.

Natürlich gibt es viele andere Einschätzungen von Jesus, viele andere Variationen der christlichen Religion – von denen die meisten irgendwo zwischen die zwei ziemlich extreme Beispiele fallen, die wir gebracht haben.

Es liegt an jedem von uns, darüber zu entscheiden, wo die Wahrheit liegt. Aber lassen Sie uns ehrlich sein. Halten wir wirklich unsere Beurteilung zurück, während wir die Alternativen prüfen: zahlreiche christliche und nicht-christliche Sekten, um herauszufinden, welche »wahr« ist? Sammeln und untersuchen wir die Beweise, bevor wir zu unseren Schlüssen kommen? Nein, die meisten von uns kommen schon mit einer mehr oder weniger fertigen Meinung zu der Fragestellung. Aber auf jeden Fall kommen wir zu einem klareren Bild von dem, was wir wirklich glauben, wenn wir unser Konzept des Christentums mit den höchsten religiösen Intuitionen des Ostens vergleichen. Das Ergebnis eines solchen Vergleichs kann sowohl überraschend als auch erhellend sein.

DIE CHRISTLICHE GEMEINSCHAFT

Wir neigen zum Beispiel dazu, zu meinen, die großen westlichen Religionen – Judaismus, Christentum und auch Islam – seien die Titelhalter von Gottes Einzigartigkeit, von seiner unteilbaren Einheit im Gegensatz zum »heidnischen« Osten, mit seinen vielen merkwürdigen Göttern. Die Wahrheit ist andersrum. Der Osten ist ein Monist, Titelhalter des Einen, während der Westen ein Pluralist ist, Titelhalter der Vielen. Dementsprechend kreiert der westliche Gott zahllose »Selbste«, gewährt uns freien Willen und genügend Unabhängigkeit, um uns für immer von ihm abzusondern. Der östliche Gott dagegen ist das Eine und Einzige Selbst (oder Nicht-Selbst), und unsere abgetrennte Individualität ist exakt die große Illusion, unsere ganze Not, die Schranke vor unserer Erleuchtung. Wir im Westen meinen gerne, Gott sei gut (obwohl er das Böse erlaubt), sei spirituell (obwohl er Materie schafft), besitze einige Qualitäten und andere nicht: kurz, Er ergreife Partei. Im Gegensatz dazu ist er im Osten neutral und nicht besser und spiritueller als das Böse und Materielle. Oder vielmehr schließt er alle Gegensätze in sich ein. Er ist charakterlos. Er steht weit über aller Zweiheit, allen Trennungen. Tatsächlich geht der Osten noch weiter und erklärt diese Wirklichkeit als jenseits aller Beschreibung und Zahl, sie ist nicht einmal Eins: Sie transzendiert sogar die Einheit.

Das Christentum erbt vom Judaismus dessen Individualismus, sein Interesse am Persönlichen, sein Bestehen auf der Individualität jedes Gläubigen. Auch die Einheit erbt es, aber es ist die Einheit der Gruppe – der Kirche, der christlichen Gemeinschaft, der Gemeinde. Das ist die Einheit einer Bruderschaft, verbunden durch gegenseitige Liebe und Gottesdienst, eine Gemeinschaft, die die getrennte Individualität ihrer Mitglieder eher stärkt als schwächt. »Ich glaube«, sagt das Glaubensbekenntnis, »an die heilige katholische Kirche, Gemeinschaft der Heiligen ...« Diese Kommunion, diese heilige Glaubensgemeinschaft in Christus, der der »Erstgeborene unter seinen Brüdern« ist, ist ein tiefes Grundgefühl des Westens und führte zu vielem, was bewundernswert ist an der christlichen Zivilisation und dem christlichen Charakter: Redlichkeit, Gemeinsinn, Organisation, Kooperation, gegenseitiger Respekt und Dienst. Natürlich hat das Christentum seine innere und einsame Seite, aber verglichen mit dem Osten ist es hauptsächlich eine kommunale Aktivität. Es basiert auf vielem, wohingegen die östliche Religion auf dem Einen basiert.

DAS CHRISTENTUM:
EINE RELIGION AUF ALLEN EBENEN

Ein weitverbreiteter Fehler ist es, anzunehmen, daß das Christentum eine sehr subtile und zivilisierte Religion im Gegensatz zu den gröberen Religionen des Ostens sei. Wohl kaum. Der Judaismus reichte dem Christentum viele primitive Vorstellungen weiter und insbesondere einen sehr persönlichen und sehr »menschlichen« Gott – einen, der durch unsere Gebete beeinflußt werden kann, der auf uns böse werden kann, der verlangt, daß unser Ungehorsam durch das Blut eines Kreuzopfers gesühnt wird. Einige christliche Sekten sind noch besessen von Schuld und Sünde, von Opfer, Schmerz und Blut; und der ganze christliche Glaube dreht sich um ein Folterinstrument – sein eigenes Symbol, das Kreuz.

Vergleichen Sie das zum Beispiel mit dem Zen, und sagen Sie, welche Religion von beiden grob und primitiv ist!

Aber diese Erdhaftigkeit ist wirklich die große Stärke des Christentums. Es geht doch darum: Im Gegensatz zum Zen (der wahrlich eine sehr schwer verständliche Angelegenheit ist), ist das Christentum im wesentlichen eine große, populäre Religion. Lassen Sie uns das leichter verständlich nennen. Denn sein Fundament ist keine sublime, spirituelle Erfahrung oder ein Pfad für die Wenigen oder gar ein Glaubensbekenntnis für die Vielen, sondern die Person und das Leben Jesu, einer, der von uns allen verstanden und geliebt werden kann und dem wir nacheifern können. Dieser göttliche, aber ganz wirkliche Mensch und der ergreifende Bericht seines Lebens und Todes sind der gemeinsame Faktor im Christentum aller Christen, von der spirituellen Ebene eines sizilianischen Bauern zu der des hl. Thomas von Aquin. Das Ergebnis ist, daß das Christentum eine erstaunlich einheitliche und vereinende Religion ist, mit der Fähigkeit, sich nach oben zu erweitern, um sehr erhabene Spiritualität einzuschließen, und nach unten, um die gröbsten volkstümlichen Kulte aufzunehmen, ohne dabei seinen wesentlichen Charakter zu verlieren. Es ist ausreichend primitiv, um primitiven Menschen und dem Primitiven in jedem von uns zu gefallen; genügend sachlich, um den ganz Jungen und den ganz Einfachen verständlich zu sein; und vernünftig genug und unphilosophisch in seinen Lehrmeinungen über Gott, Mensch und Individualität, um keine große intellektuelle Mühe und gewiß keine Bewußtseinsveränderung zu verlangen. Es ist eine ziemlich naive und materialistische Religion. Und doch ist sie auch tiefspirituell.

Wie anders als einige der östlichen, schwer verständlichen Religionen, die wir uns angesehen haben, deren Lehren – nicht durch Zufall, sondern wesentlich und absichtlich – eine Beleidigung des gesunden Menschenverstandes darstellen, eine Absurdität für den einfachen Menschen! Infolgedessen ist die Religion des einfachen Mannes wirklich geeignet, sehr leicht verständlich zu bleiben! Diese Spaltung hat der Westen vermieden, zum Nutzen von uns allen, ja, von der westlichen Zivilisation selbst.

DER WESTLICHE HEILIGE UND
DER ÖSTLICHE WEISE

Als große, leichter verständliche Religion geht es dem Christentum mehr um Moralität, um äußeres Verhalten, statt um innere, spirituelle Erfahrung. Sein Ideal ist Jesus Christus und nach ihm der christus-ähnliche Heilige, dessen Leben das der selbstlosen Hingabe an die Menschheit ist. Vergleichen Sie ihn mit dem östlichen Ideal des Weisen oder Arhat, der ständig selbst Realisierte und in sich selbst Versenkte. Unsere Not, laut dem Weisen, ist unsere Ignoranz über uns selbst; laut dem Heiligen ist dies die Sünde gegen Gott. Der Weise sagt: Stelle alles in Frage. Der Heilige sagt: Hab nur Vertrauen. Der Weise sagt: Sei weise. Der Heilige sagt: Sei gut. Unglücklicherweise ist die Weisheit des Weisen weit jenseits des Bewußtseins der meisten Menschen, dagegen die Güte des Heiligen nicht. Der Weise sagt: Meditiere. Der Heilige sagt: Bete, denn das Gebet ist leichter als Meditation und vielleicht ein bißchen sicherer! Der Weise erklärt diese Welt und auch das getrennte Selbst zur Illusion. Der Heilige sagt: Nein, die Welt ist Gottes Schöpfung, ein wirklicher Ort, wo wirkliche Arbeit dringend für wirkliche Menschen getan werden muß. Der Weise sagt: Zeit ist äußerer Schein, Vergangenheit und Zukunft existieren nicht, nur das Jetzt ist wirklich. Der Heilige sagt: Zeit ist real, und die Geschichte ist die Entwicklung von Gottes Absichten für die Menschheit. Der Weise erfreut sich einer Erleuchtung, die in der Kontemplation der Leere besteht. Der Heilige erfreut sich einer Erlösung, die in der Hingabe an einen Menschen, der Gott ist, besteht.

CHRISTLICHE MYSTIK

Zweifellos ist das Christentum keine mystische Religion. Im Sinn des zweiten Kapitels ist es ein Weg der Taten (Karma) und ein Weg der Hingabe (Bhakti), und nicht wirklich ein Weg der Erkenntnis (Jnana oder Gnosis). Dieser Letztere bleibt mehr oder weniger eine Domäne des Ostens. Und es gibt noch eine weitere Trennung: Im großen und ganzen geht es den katholisch-romanischen Völkern um den Weg der Hingabe, während die protestantisch-nordischen Völker den Weg der guten Taten bevorzugen. Dieser Teil spiritueller Geographie ist natürlich nur eine grobe Angabe; und außerdem kann niemand sehr weit auf einem Wege vorankommen, ohne auch die beiden anderen zu betreten.

In der Tat gibt es hier im Westen eine große mystische Tradition, eine lange Reihe wahrlich erwachter christlicher Meister, deren Erleuchtung genau die gleiche wie in allen Religionen und zu allen Zeiten ist. Nur ist die Beschreibung, die sie davon geben, natürlich soweit als möglich eine christliche und in biblischer Sprache formuliert. Das war unvermeidlich und klug. Denn im Christentum des Mittelalters (beinahe wie im Judentum zur Zeit Christi), forderte ein Mystiker, der offen seine Identität mit Gott verkündete, seine Exkommunikation oder Schlimmeres heraus. Um sich vor sich selbst freizusprechen, mußte er seine Erfahrung rechtfertigen, modifizieren und verkleiden und versuchen, sich nicht in die Nesseln zu setzen. Das war ein Nachteil.

Der erste christliche Mystiker war Jesus selbst. Das Königreich des Himmels, lehrte er, ist in uns. »Wenn Dein Auge eines ist«, sagte er geheimnisvoll, »wird Dein ganzer Leib voller Licht sein.« Oder, wie das im Zen lauten würde: »Wenn Du nach innen schaust, wirst Du Dein Wirkliches oder Ursprungs-Gesicht finden, in dem Deine beiden Augen, Dein Kopf, ja Dein ganzer Körper in schiere Klarheit aufgehen und verschwinden. Dies ständig sehen heißt erleuchtet zu sein.« Es gibt zahlreiche Aussprüche oder Herrenworte in der frühen christlichen und gnostischen Literatur, die Jesus zugesprochen werden, in denen er von Lichtmenschen spricht, von Menschen, die bemerkt haben, daß sie nicht undurchsichtig und körperlich sind, daß ihre Körper Leere sind.

Wir anderen sind wie Grabstätten, voller Fleisch und Knochen toter Menschen – oder wir glauben vielmehr, daß wir das wären, statt zu sehen, daß das Grab leer und sein Leichnam weg ist.

Das mystische Element in der Lehre Jesu mußte überdeckt werden, als seine Religion eine große Massenbewegung wurde. Und die seltenen Mystiker mußten in Schwierigkeiten geraten. Jeder, der behauptet, er könnte ohne die Kirche und ihre Sakramente auskommen und selbst direkt mit Gott Kontakt aufnehmen, bedroht die Autorität und sogar die Existenz dieser Institution.

Das Erstaunliche ist nicht, daß christliche Mystiker oft verfolgt, exkommuniziert und manchmal getötet wurden, sondern daß ihnen überhaupt gestattet wurde, aufzutauchen. Denn wenn wir auch nur ein bißchen am sehr dünnen biblischen Lack kratzen, könnten deren Äußerungen von irgendeinem östlichen Weisen stammen. Da gibt es keinen wirklichen Unterschied. Ein Beispiel soll genug sein. Der gesegnete Johann von Ruysbroek (1293–1381) sagt:

»Gott jenseits aller Gleichartigkeiten so zu begreifen und zu verstehen wie Er in Sich selbst ist, heißt Gott mit Gott zu sein, ohne Vermittler und ohne irgendein Anderssein, das Hindernis oder Vermittelndes werden kann.«

»Wer immer das verstehen will, muß sich selbst gegenüber gestorben sein und muß in Gott leben und muß seinen Blick auf das ewige Licht im Grunde seiner Seele lenken, wo die verborgene Wahrheit sich ohne Weise enthüllt.«

»In diesem Licht wird man sehend; und dieses Göttliche Licht wird der armen Schau des Geistes gegeben, wo der Geist die Helle empfängt, die Gott selbst ist, jenseits aller Begabungen und jedweden kreatürlichen Tuns, in der untätigen Leere, in die sich der Geist durch fruchttragende Liebe verloren hat und wo er von selbst die Helle Gottes empfängt und ohne Halt in diese Helle verwandelt wird, die er empfängt. Und siehe, diese geheimnisvolle Helle, in der alles sichtbar wird und in der man, der Leere des Geistes entsprechend, alles sieht, was man ersehnen kann; diese Helle ist so groß, daß der liebende kontemplative Mensch im Grund, in dem er ruht, nichts sieht als ein unbegreifliches Licht; und durch *diese einfache Bloßheit, die alle Dinge enthüllt, findet er sich selbst und fühlt sich selbst als das gleiche Licht, mit dem er sieht und sonst nichts.«*

DIE SCHWIERIGKEITEN
DES CHRISTLICHEN MYSTIKERS

Am Ziel ist der wahrhaft Erwachte tatsächlich in gar keiner üblichen Weise Christ. Er hat sich von seiner angestammten Tradition gelöst und ist universal geworden, jenseits aller Unterscheidungen. Aber auf diesem Weg hat er Schlimmes durchgemacht. Es ist keine leichte Aufgabe, sein unmittelbares Sehen mit seinem ererbten Glauben in Einklang zu bringen. Sein unmittelbares Erkennen des Einen, seine erwachende Identifikation mit dem Einen, seine klare Schau dieses Einen als das Licht oder die Leere in ihm, seine daraus entstandene Freiheit von allen Wünschen und Emotionen und sogar Liebe zu Menschen und Gott, sein Unvermögen, in der vorgeschriebenen Weise zu meditieren (sich zum Beispiel die Passion Christi vorzustellen), zu beten, gute Gedanken zu denken oder überhaupt zu denken – diese sicheren Beweise seiner Erleuchtung müssen ihm zunächst als schwere spirituelle Defekte erschienen sein. Seine spirituellen Ratgeber haben sie vielleicht für absolut sündig gehalten. Wirklich glücklich und beinahe einzigartig wäre er, wenn er, ohne langen und schmerzvollen Kampf mit sich selbst, in der Lage wäre, dem zu folgen, was er sieht, statt dem, was ihm gesagt wird.

So kommt es, daß der typische christliche Mystiker so zerrissen ist, hin- und hergerissen zwischen Perioden der Inbrunst und Zeiten der Ernüchterung, daß er so leicht in die »dunkle Nacht der Seele« gerät und darin steckenbleibt.

Trotzdem ist es seine direkte Erfahrung, sein ureigener Kontakt mit der Wirklichkeit – von der Mehrheit ignoriert, von den Orthodoxen verurteilt –, die das Herz seiner Religion ist, so wie das aller anderen Religionen. Es ist das, was das Christentum *wahr* macht. Denn er gelangt zu der Wurzel, wird zu dieser nährenden

Wurzel, er wird auch der ganze Baum mit all seinen Blättern und Früchten. Letztlich hat der verwirklichte Christ keine Präferenzen, keine persönlichen Meinungen. Er sucht und wählt nicht mehr unter den unzähligen Sekten und Doktrinen des Christentums. Weil er in deren gemeinsamer Quelle ruht, ist er frei von allem, und es ist alles wahrlich sehr gut. Und nichts von diesem so immens Vitalen, dem Christentum, jene wunderbare Inspiration, kann weggelassen werden.

Gott ist gewaltig und mächtig. Gott wählt Boten unter den Engeln und unter den Menschen: denn Gott ist der, der hört und sieht. Er weiß, was vor ihnen liegt, und er weiß, was hinter ihnen liegt, und in Gott kehrt alles wieder zurück. O wahre Gläubige, kniet nieder und werft euch nieder, und betet euren Herrn an; und arbeitet rechtschaffen, damit ihr glücklich sein könnt; und kämpft in der Verteidigung von Gottes wahrer Religion, wie es eure Pflicht ist. Er hat euch erwählt und euch keine Schwierigkeit in der Religion, die er euch gegeben hat, auferlegt, der Religion eures Vaters Abraham. Er hat euch Muslime genannt ... so daß unser Apostel am Tag des Jüngsten Gerichts gegen euch Zeuge sein kann, und damit ihr Zeugen gegen den Rest der Menschheit sein möget. Seid deshalb ständig im Gebet und gebt Almosen und bleibt Gott treu. Er ist euer Meister, der beste Meister, der beste Beschützer.

Der *Koran*

6 DER ISLAM, DIE RELIGION SÜDWESTASIENS UND NORDAFRIKAS

ÄQUATORIALER MONOTHEISMUS

Wir kommen jetzt zum Islam, der Religion des Propheten Mohammed, und zu seinen Moslem-Anhängern. Das ist die jüngste und eine der »erfolgreichsten« der großen Weltreligionen. Von seiner ursprünglichen Heimat in Arabien hat der Islam sich auf die nördliche Hälfte Afrikas, den Großteil des Nahen Ostens, Zentralasiens, Indiens (besonders die Regionen, die heute Pakistan einschließen) und die Ostindischen Inseln ausgebreitet. So ist es weitgehend eine äquatoriale Religion, und Menschen in kalten und gemäßigten Klimazonen fühlen sich nicht zu ihr hingezogen. Die gegenwärtige Zahl seiner Anhänger soll bei ungefähr 200 Millionen liegen. Viele von ihnen behalten den alten Glauben an große und kleine Dämonen bei, obwohl sie sich als Moslems bezeichnen und ebenso zutreffend Animisten genannt werden könnten.

In seiner Grundhaltung gehört der Islam zur westlichen Gruppe der Religionen – Judaismus und Christentum –, obwohl er während seiner Ausbreitung nach Süden und Osten natürlich ein eher orientalisches Aussehen erworben hat. Tatsächlich hat er wieder als eine andere Form von Protest begonnen, sehr ähnlich wie die Propheten des Alten Testaments gegen den damals vorherrschenden Polytheismus protestierten. Er bestand auf dem Einen Gott, Allah, dem Allmächtigen: Moslems behaupten wirklich, daß ihre Religion strenger monotheistisch sei als das Christentum. Mohammed selbst bezichtigte die Christen, tritheistisch zu sein, weil sie drei Götter verehrten: Gott Vater, Jesus und die Jungfrau Maria.

103

DAS LEBEN DES PROPHETEN

Mohammed war Araber, und die Araber sind ein semitisches, mit den Juden verwandtes Volk. Zu seiner Zeit – er wurde ungefähr 570 n. Chr. geboren – gab es Siedlungen von Juden und Christen in Arabien, aber die meisten Araber waren noch Polytheisten. Die höchsten unter den zahlreichen Geistern, die sie verehrten, waren manche, deren Wohnungen große Steine oder Megalithe waren, ähnlich denen bei Stonehenge und Avebury.

Mohammeds eigener Stamm war der althergebrachte Bewacher der heiligen Megalithen im nationalen Heiligtum von Mekka. Mohammed selbst lebte als einfacher Kaufmann in Mekka, von Zeit zu Zeit reiste er geschäftlich in benachbarte Länder, wo er sowohl Christen wie auch Juden kennenlernte. Er heiratete und hatte drei Kinder, die alle jung starben. Als er ungefähr vierzig war, veränderte sich sein Verhalten plötzlich. Er wurde hohläugig und unruhig, hörte auf, regelmäßig zu essen und begann, ziellos in abgetragenen Kleidern herumzuwandern. Im Auftreten und Verhalten scheint er manchen Propheten des Alten Testaments ähnlich geworden zu sein, als der Herr durch sie zu sprechen begann.

Dann kamen Mohammeds Visionen, zuerst in einer Höhle und dann in der Wüste nahe Mekka: Er hörte Stimmen und sah flammende Buchstaben auf einem ausgebreiteten Tuch. Danach folgte eine lange Reihe von Offenbarungen, von denen er behauptete, sie seien von Gott gegeben und nicht Äußerungen des Menschen Mohammed. Diese wurden niedergeschrieben und später zu einem umfangreichen Buch gesammelt, dem Heiligen Qu'ran oder Koran, der Bibel des Islam. Viele der späteren »Offenbarungen« scheinen das Ergebnis seines bewußten Denkens zu sein, aber die frühen waren es sicherlich nicht: Sie wurden ihm »diktiert«; sie waren Prophezeiungen, das »Wort des Herrn« durch Sein Sprachrohr, den Propheten, gesprochen. Sein Zustand während dieser Offenbarungen war typisch: Er war nicht er selbst und erfuhr eine Art Inbesitznahme oder Trance, mit viel Zittern und Schwitzen. Heimsuchungen des Geistes, angefangen von der Zeit des Alten Testaments, bis zu den Quäkern in England und den Shakers und Holy Rollers in Amerika, neigen dazu, mit körperlichen Störungen dieser Art verbunden zu sein. Manchmal sind sie sehr heftig.

Die Wahrheit, die Mohammed in der Wüste enthüllt wurde, war die absolute Souveränität und Einheit Gottes. Dementsprechend begann er, Bekehrte um sich zu sammeln und die polytheistischen Kulte von Mekka mit ihren megalithischen Idolen in Frage zu stellen. Er wurde heftig angegriffen und zog sich schließlich nach Medina zurück, einer nahe gelegenen Stadt, bewohnt von Juden und Christen. Unter denen, meinte er, würden seine monotheistischen Ideen gut aufgenommen werden. Aber sie betrachteten ihn als politischen Abenteurer, ohne besondere religiöse Botschaft. Also wandte er sich wieder seinem eigenen Volk zu.

So weit könnte seine Geschichte die von jedem gottbesessenen Propheten sein; aber an diesem Punkt nimmt sie eine neue Richtung. In Medina zog er viele arabische Anhänger an und übernahm schließlich die Kontrolle der Stadt. Dann folgte eine verwirrte Geschichte von Angriffen auf Karawanen, Kämpfen, erzwungenen Bekehrungen – oder Gemetzel – der Juden und eine nicht gerade allzu bedenkliche Diplomatie, die in des Propheten Eroberung Mekkas und der Zerstörung der Idole der Stadt endete. Als er mit 62 im Jahr 632 n. Chr. starb, war er der Gebieter ganz Arabiens und dabei, seinen heiligen Krieg weiter auszubreiten. Der Islam war schon auf dem Weg, teils durch Überzeugungsarbeit, teils durch Waffengewalt, die große Weltreligion zu werden, die er heute ist.

DER CHARAKTER DES PROPHETEN

Können zwei Menschen verschiedener sein, als diese – der sanfte Begründer des Christentums und der kriegerische Gründer des Islam? Obgleich ähnlich in Rasse und möglicherweise im Aussehen, scheinen sie beinahe nichts gemeinsam zu haben. Sogar fromme Moslems behaupten nicht, daß ihr Prophet von heiligem Charakter war, und sie haben gewiß nie Göttlichkeit für ihn beansprucht. Sie

sehen ihn, wie er sich selbst gesehen hat, als letzten und den größten
der Propheten (Jesus erkannte er als einen anderen an), aber immer
noch als menschlich, wie jeder andere auch. Noch machte er geltend, Wunder zu wirken. Es wird gesagt, er lebte ein sehr enthalt-
sames und einfaches Leben. Was ihn nicht davon abhielt, mehrere
Ehefrauen zu nehmen; eine »Offenbarung« erlaubte ihm vierzehn
oder mehr. Eine von ihnen erlangte er durch eine »Offenbarung«,
die seinen Freund Zaid nötigte, sich von seiner Frau scheiden zu
lassen, damit sie den Propheten heiraten konnte!

Wir sollten aber vorsichtig sein und Mohammed nicht nur nach
unseren eigenen Normen beurteilen. Ohne Zweifel sah er sich nur
als Werkzeug des Allmächtigen, dessen Wege unerforschlich und
unseren unbedeutenden Menschenregeln nicht unterworfen sind.
Was Allah befiehlt, kann nicht sündhaft sein. Und Mohammeds
brennende Aufrichtigkeit hat viele ihm ergebene Freunde und
Anhänger angezogen und ihnen Halt gegeben. Sein Magnetismus
und die Ausstrahlung seiner Autorität waren unwiderstehlich,
und es wäre absurd, seinen Erfolg nur seiner Stärke und List zu-
zuschreiben.

DIE BOTSCHAFT DES PROPHETEN

Der Schlüssel zu seinem wahren Charakter liegt in der Botschaft
und nicht in seinem Leben. Jesus hatte Gottes Liebe erklärt;
Mohammed erklärte Gottes absolute Majestät. Seine Transzendenz,
Seine unerforschliche Macht (die uns oft willkürlich erscheint),
Seine Allmächtigkeit. Der Gott Jesu ist unser Himmlischer Vater
und wir Seine Kinder, die Er liebt und umsorgt. Der Gott Mohammeds ist Allah der Mächtige, und Moslems sind Seine niedrigen
Sklaven. »Islam« bedeutet Unterwerfung, und »Moslem« bedeutet der Gehorsame. Alles liegt in diesen drei Worten: *Ergib Dich
Gott*. Es stimmt, daß Allah nicht weniger als 99 Namen hat, deren
wichtigste »der Mitleidsvolle« und »der Barmherzige« sind, aber
auch diese können nicht seine Natur mildern oder seine Reser-
viertheit trüben oder die unendliche Kluft zwischen ihm selbst

und dem Menschen überbrücken. Denn Allah ist auch nicht annähernd so »persönlich« oder »menschlich« wie der Gott des Christentums. Er ist insgesamt zu groß, um in die Nische zu passen, die wir für ihn ersinnen. Deshalb ist es ganz unangebracht, ihn mit unseren kleinlichen Sorgen zu belästigen oder zu ihm für Gefallen irgendeiner Art zu beten. Wir können nur stumm um Gnade, Vergebung und Führung bitten. Für den Moslem ist das Gebet im wesentlichen eine Handlung der Unterwerfung und der Hingabe. Vieles christliches Beten muß für ihn klingen, als ob Gott höflich an seine Verantwortlichkeiten erinnert würde und sogar Anweisungen erhielte, wie sie erfüllt werden sollen. Und gewiß stimmt es, daß manche Christen, besonders wenn sie zu bestimmten protestantischen Sekten gehören, die Gewohnheit haben, mit Gott ganz offen und ungezwungen, sozusagen von Mensch zu Mensch, zu sprechen. Wenn Angst und Bangen, wenn die Ehrfurcht vor Ihm, dessen Namen wir beinahe nicht auszusprechen vermögen, aus der Religion verschwunden sind, ist es dann noch Religion? Dem echten Moslem sei vergeben, wenn er das bezweifelt.

Die Hauptthemen des Korans sind die göttliche Majestät und der Frevel des Götzendienstes. In diesem umfangreichen und chaotischen Buch gibt es nicht sehr viel anderes, was uns fesseln könnte. Ein großer Teil ist aus dem Alten Testament übernommen worden und manches aus christlichen Quellen. Regelmäßigkeit im Gebet, Fasten, Besuch des öffentlichen Gottesdienstes, Almosen geben, Unterlassung von Bestechung, Glücksspielen, Wucher und dem Verzehr von Schweinefleisch und das Trinken von Alkohol, das Ausüben der gemeinschaftlichen Tugenden wie Ehrlichkeit, Fleiß und Freundlichkeit, auf die Pilgerfahrt nach Mekka gehen – das sind die Pflichten eines Moslems. Religiöse Pflicht ist es, im Heiligen Krieg gegen die Ungläubigen, einschließlich der Juden und Christen zu kämpfen; und Freundschaft mit jedem Ungläubigen ist verboten. Der gute Moslem ist einem christlichen Puritaner recht ähnlich, außer daß er keinen Vorbehalt gegen Sex hat. Es gibt wiederholte Warnungen vor Gottes Zorn, vor dem Tag des Jüngsten Gerichts und vor dem Höllenfeuer, das die Gottlosen – und insbesondere die Ungläubigen, die den Islam ablehnen – erwartet. Es gibt auch glühende Berichte von den Freuden (manche davon sinnlicher Natur, obwohl sie auch spirituell interpretiert werden könnten), die die Gläubigen im Paradies erwarten.

Für uns ist das hier ein Rätsel. Welche Notwendigkeit gab es für den Islam? Wo ist seine einzigartige Botschaft, das Geheimnis für seinen außerordentlichen Erfolg und seine Anziehungskraft? Es scheint, als ob der Islam sehr wenig zum Judaismus und zum Christentum beitrug, von denen er reichlich viel entnommen hat. Was liegt in den ekstatischen Worten dieses nicht sehr bewundernswerten Kaufmanns aus Mekka und in der Religion, die er begründete, das ihren Einfluß, sogar noch heute, auf Millionen von Menschen vieler Rassen auf der ganzen Welt erklären könnte? Wo ist die Quelle des offenkundigen Glaubenseifers, der manchmal bis zum Fanatismus anschwillt, den Moslems überall gezeigt haben? Und am wichtigsten, was gibt es in dieser Religion für uns?

GEBETE DER MOSLEMS

Ein Großteil vom Erfolg des Islam beruht auf seiner religiösen Technik, auf seinem Gottesdienst- und Gebetssystem. Er hat keine Priester, keine berufsmäßigen Mediatoren zwischen Mensch und Gott, obwohl ein Imam – ein Mann, bekannt für seine Gelehrsamkeit und Frömmigkeit – die Gemeindegebete anleitet. An Freitagen wird von einem Moslem verlangt, in die Moschee zu gehen, wo die Form des Gottesdienstes dem der Christen nicht allzu unähnlich ist: mit einer Predigt und einem festgelegten Ablauf von Körperhaltungen und Gebetsübungen, kurzen Versen und Antwortstrophen.

Zusätzlich zum Freitagsgottesdienst wird von einem Moslem verlangt, fünfmal täglich zu beten – am Morgen, mittags, in der Mitte des Nachmittags, bei Sonnenuntergang und beim Zubettgehen. Wo immer er ist, breitet er seinen Gebetsteppich aus, das Gesicht in Richtung des heiligen Mekka, verrichtet er wenigstens ein Rakat. Ein Rakat besteht aus acht voneinander getrennten

Handlungen der Andacht, jede mit ihrem eigenen Gebet und ihrer eigenen Haltung. Die Gebete bestehen aus einer Serie von Anerkennungen der göttlichen Majestät, und enden mit einer Bitte um Gnade und Fürbitte für den Propheten und die Gläubigen. Die Körperhaltungen bestehen aus: Aufrechtstehen mit erhobenen Armen, Stehen mit gesenkten Armen, Verbeugen, Knien und den Boden mit der Stirn berühren.

Ein guter Moslem verbringt also soviel seiner Zeit im Gebet, daß Allah nie für lange Zeit seinen Gedanken fernbleibt. Das Ziel ist, daß er gründlich im Dikr geübt wird, das ist die innere Ausrichtung auf Gott. Die Methode – seine fünf Gebetszeiten – ähnelt den sieben Kanonischen Gebetsstunden in einem christlichen Kloster (Matins, Prime, Terce, Sext, None, Vespers und Compline), wo sich die Mönche vollständig dem kontemplativen Leben hingegeben haben und ihre Berufung die innere Ausrichtung auf Gott ist. Für den normalen Moslem setzt der Islam tatsächlich einen sehr hohen Andachtsstandard.

Aber jeder, welchen Glaubens er auch ist, hat sehr große Schwierigkeiten (wie wir früher schon gesehen haben), seinen Verstand länger als ein paar Sekunden bei einer Sache zu halten. Durch die Worte eines Gebetes mit weit abschweifenden Gedanken zu gehen, ist nicht Beten und gewiß nicht Erinnerung an Gott. Der Islam bekämpft diese enorme Schwierigkeit durch das Verbinden jeder kultischen Handlung, jedes kurzen Gebetes, mit einer besonderen Körperhaltung, so daß der ganze Körper ständig beteiligt ist. Er wird zum Beten gebracht! Natürlich wird dadurch das Wandern der Gedanken nicht verhindert, aber es hilft, sie zu kontrollieren, indem man wieder und wieder zu dem zurückgebracht wird, was man gerade vorhatte. Der kirchliche Gottesdienst der Christen verwendet diese Konzentrationshilfe etwa mit dem Wechsel des Stehens, Sitzens und Kniens. Aber der Islam hat das viel weiter entwickelt und zu einem wichtigen Bestandteil des täglichen Lebens gemacht. Als angewandte Psychologie könnte es nicht besser sein.

Hier jedoch endet Psychologie nicht. Die Körperstellungen selber sind eine »Meditation«. Es ist gesagt worden, daß eine Mutter ihr Baby liebt, weil sie es streichelt, und nicht etwa, daß sie es streichelt, weil sie es liebt. So daß ebenso gesagt werden könnte, daß der Moslem sich wie ein Sklave Allahs *fühlt*, weil er, mit der Stirn am Boden, *handelt* wie ein Sklave. In der Tat, die Haltung, das Gebet und das Gefühl der Demütigung sind untrennbar, alles Teile eines Ganzen. Wieviel umfassender ist das, ein wieviel besseres spirituelles Training ist das, als einfach bequem auf einer Bank zu sitzen und Gott gegenüber demütige Gefühle zu haben!

Und wir sollten uns erinnern, daß diese Andachtsübungen nicht wie Zen-Meditationen sind, eine Übung für die wenigen spirituell Begabten: Sie sind für alle Moslems. Die Worte sind einfach und leicht zu lernen und ganz verständlich, die Haltungen kann jeder ausführen. Was bleibt, ist die Gewohnheit zu entwickeln, täglich zu beten und dabeizubleiben. Eine überraschende Zahl von Moslems tun das.

DIE BRUDERSCHAFT DER MOSLEMS

Wie das Christentum und der Judaismus und anders als die meisten östlichen Religionen, ist der Islam kongregational, öffentlicher Gottesdienst ist sein wesentlicher Bestandteil. An Freitagen wird gemeinsam in der Moschee gebetet, ebenso an den Fastentagen durch das ganze Jahr. Die Männer stehen in langen Reihen, Schulter an Schulter, und gehen gemeinsam durch ihre komplizierten Gebetsübungen unter der Leitung eines Vorbeters, der wie alle anderen nach Mekka blickt.

Wieder ist die Psychologie ausgezeichnet. Ein besserer Weg, eine echte Bruderschaft zu gründen und zu erhalten, eine disziplinierte Gemeinschaft Gleichberechtigter, könnte nicht erfunden werden. Alle sind Gottes Sklaven, Reiche wie Arme, Prinz und Bauer, alle inszenieren zusammen die Rolle der Sklaven. »Ihr Leute! Hört auf meine Worte und versteht sie«, ruft der Prophet am Ende seines Lebens: »Wisset, daß jeder Moslem der Bruder jedes anderen Moslems ist. Jeder von euch ist gleichberechtigt.«

Diese gemeinsamen Gebetsübungen sind ein bißchen wie Drill ohne Feldwebel. Es ist wohlbekannt, daß ein paar Wochen auf dem Exerzierplatz einen Haufen in eine Truppe mit wirklichem *Esprit de Corps* verwandelt. Drill kann schüchterne, egoistische und dumme Individuen zu einem Ganzen integrieren, dessen vereinter Charakter gänzlich anders ist. Und jeder einzelne von ihnen nimmt etwas von diesem Charakter an. Auf sehr ähnliche Weise überwindet der Islam, besonders in seinem öffentlichen Gottesdienst, die bloße Individualität und hilft einem Menschen, sich selbst zu transzendieren. Und wenn der Prophet den Dschihad predigt, den Heiligen Krieg gegen die Ungläubigen, mit dem Versprechen eines herrlichen, luxuriösen Paradieses für alles Moslems, die im Kampf getötet werden, dann ist es kaum überraschend, daß alle seine Schlachten gewonnen werden.

ISLAM: HINGABE AN GOTT

Es zeigt sich also, daß der Islam eine Anzahl von praktischen Vorteilen vor seinen rivalisierenden Religionen hat, wie unzulänglich seine Lehre auch ist. Durch einen glücklichen »Instinkt« wußte er von Anfang an, was psychologisch funktionierte.

Und es funktionierte auch spirituell. Denn der Islam wurde trotz seiner extrem aussichtslosen Anfänge bald eine der großen spirituellen Religionen der Welt, mit seinem eigenen, einzigartigen Genius. Was war seine besondere Begabung? Was hatte der Islam nicht nur als einen Weg der Ausrichtung auf Gott, sondern jenseits davon, bis zum vollen Gottesbewußtsein zu bieten, das in den anderen Religionen fehlte oder auf jeden Fall übersehen worden war?

Das Wort Islam, das Unterwerfung bedeutet, gibt selbst den Schlüssel. Für viele Nicht-Moslems, wie zum Beispiel für den protestantischen Christen, der in vergleichsweise ähnlicher Beziehung zu seinem Gott steht, muß diese totale Hingabe übertrieben erscheinen, ganz verächtlich und kriecherisch und für ein spirituelles Leben völlig unnötig. Das ist ein schwerer Fehler. Alle Religionen bestehen auf ihren höchsten Ebenen auf dieser Hingabe, die der Islam auf *allen* Ebenen fordert.

Wir haben schon gesehen, wie zum Beispiel die Befreiung des Hinduschülers die vollständige Hingabe seines kleinen oder falschen Selbst an sein wahres Selbst darstellt, an Gott in der Person seines Gurus. Und auch das Satori des Zen-Mönches ist seine endgültige Niederlage und Selbstaufgabe, das Ende all seines Widerstandes. Die Seelenrettung eines Christen tritt ein, wenn er auch den letzten Ausweg aufgegeben und seine bedingungslose Hingabe an Christus erreicht hat. Überall betont jede spirituelle Religion, daß erst der Augenblick des Aufgebens – des Endlich-Gehenlassens, der vollständigen Unterwerfung – der Augenblick der Erlösung und Erleuchtung ist. Unterwerfung ist aber das Zentralthema des Islam. Sie steht für Islam wie Christentum für Liebe steht und Buddhismus für Weisheit. Der Islam, sagt sein Prophet, ist die Pflicht aller Menschen und nicht nur der spirituell begabten.

Die Art und der Grad der Unterwerfung hängen natürlich von der eigenen spirituellen Entwicklung ab. *Bloße* Unterwerfung an Gott ist ein passiver Zustand, der bedeutet, keinen eigenen Willen zu haben und sich frohgemut dem eigenen Schicksal zu überlassen. *Totale* Unterwerfung unter Gott geht viel weiter als diese. Es bedeutet, aktiv das haben zu wollen, was einem passiert – das »Schlimme« nicht weniger als das »Gute« –, weil es Gottes Wille ist und der eigene Wille jetzt so mit Seinem übereinstimmt, daß es keinen Unterschied mehr gibt.

Das ist so schwierig, wie es selten ist. Aber die, die es erprobt haben, berichten, daß es das Leben gänzlich verändert. Sie sagen, daß unsere Nöte nicht wirklich in unseren Lebensumständen liegen, sondern in unserer Einstellung zu ihnen; und daß, wenn wir aufhören, sie zu bekämpfen und sie dann *akzeptieren*, sie sich sofort verbessern. Wenn wir noch weiter gehen und sie *willkommen heißen*, verbessern sie sich weiter. Und wenn wir sie tatsächlich *wollen*, werden sie vervollkommnet und mit ihnen unser Glück. »Es soll sein, wie es Allah gefällt« – dieser endlose Moslem-Refrain kann schließlich zur höchsten mystischen Erfahrung führen. Das ist ein sehr gangbarer Weg, der durchaus zu den drei

Wegen der Hindus dazugefügt werden könnte: der Weg der Taten oder selbstloser Dienst, der Weg der Hingabe an eine Inkarnation Gottes und der Weg der Erkenntnis oder Erkundung des Selbst; und jetzt der Weg des Islam oder der totalen Hingabe an Gott. Jedenfalls ist dieser vierte Weg in den anderen enthalten, und ohne ihn kann keiner der anderen einen sehr weit bringen.

DER TRANSZENDENTE UND DER IMMANENTE GOTT

Mystik ist die Religion der Immanenz, von Gott, der innen ist. Der Islam, sogar mehr als der Judaismus, ist die Religion der Transzendenz von Gott, der unendlich vom Menschen entfernt ist. Man würde deshalb erwarten, daß der Islam mindestens so un-mystisch ist wie der Judaismus. Gewiß hat der Koran sehr wenige Funken der Mystik in sich – sogar weniger als das Alte Testament. Und gewiß hat das erste oder zweite Jahrhundert des Islam keine erleuchteten Heiligen hervorgebracht, von denen wir wissen.

Die erstaunliche Tatsache ist aber, daß jede echte religiöse Einsicht, die weit genug vorangetrieben wird, als mystische Erfahrung der allerhöchsten Art endet. Alle Wege führen nach Hause. Mystiker behaupten (obwohl Nichtmystiker kaum zustimmen würden), daß nichtmystische Religion nichts als Religion ist, die sich ihrer eigentlichen Bedeutung nicht bewußt ist, unentwickelt ist. Wenn deshalb der Islam, die Religion des transzendenten Gottes, ganz ernstgenommen wird, wenn sie zu ihrer vollen Größe aufsteigt, dann schlägt der Islam unweigerlich Salto und wird zur Religion des immanenten Gottes. Denn wenn ich mich vollständig Gott ergebe, dann ist nichts mehr von mir übrig, dann ist da nur noch Er. Mein Ich ist jetzt Sein Ich; mit anderen Worten, Ich bin Er. Und das ist natürlich die große mystische Erfahrung an sich.

In der langen Geschichte der spirituellen Religion haben sich diese beiden Phasen, diese beiden sich widersprechenden Tendenzen: Hingabe an das Göttliche außerhalb von mir und die Hingabe zum Göttlichen in mir, immer wieder abgewechselt. Im Fall des

Islam dauerte es ungefähr 200 Jahre, bis die mystische Phase aus der unmystischen Phase auftauchte. Aber als dies geschah, war das Ergebnis eine der schöpferischsten, tiefsten und herrlichsten religiösen Bewegungen aller Zeiten; und sie ist auch heute noch lebendig. Sie wird Sufismus genannt.

SUFISMUS, DIE MYSTIK DES ISLAM

Auch sein Thema ist die Hingabe an Gott. Nicht widerwillige Kapitulation, nicht, daß man sich von der unbarmherzigen Maschine Schicksal an- und überfahren läßt, die freudige Hingabe einer Liebenden an den Geliebten, die ekstatische Wonne, überwältigt zu sein, mit Ihm zu verschmelzen, bis man ganz verloren ist. Für die großen Sufis vom zwölften Jahrhundert an, wie auch für die vielen christlichen Mystiker der gleichen Zeit, ist die Analogie – diese überraschende Ähnlichkeit zwischen menschlicher Liebe und dem Versinken in Gott – mehr als eine Analogie. Es färbt das gesamte spirituelle Leben eines Sufis und hat – besonders in Rumi, dem größten persischen Mystiker – die schönste Sammlung mystischer Poesie der Welt. Die Sprache des Sufismus ist erotisch, phantasievoll, ebenso verblümt wie anregend, wie Poesie sein sollte, und voller intensivem Gefühl. Hier unterscheidet sie sich von der barschen und sachlichen Ausdrucksweise buddhistischer Spiritualität. Sie hat ihre eigene unverwechselbare Erregung und Leidenschaft, ihre Trunkenheit (ein beliebtes Wort der Sufis), ihre besondere Freude.

Wieviel der Sufismus den Mystikern der anderen großen Religionen verdankt, ist schwer zu sagen. Im Grunde sagen sie aber genau das, was diese sagen. Hier sind ein paar Beispiele:

Attar (persischer Poet/Mystiker des zwölften Jahrhunderts):

Im Erkennen, daß Sein Wesen allein existiert, ist es gewiß, daß es nichts außer Ihm gibt ... Gott ist Alles und die Dinge haben nur dem Namen nach Wert; die sichtbare und die unsichtbare Welt sind nur Er selbst ... solltest du auch nur einen Schimmer von Ihm erblicken, würdest du deinen Verstand verlieren, und wenn du Ihn ganz sehen solltest, würdest du dich selbst verlieren.

Meinst du, es wäre leicht, ein Wissen der spirituellen Dinge zu erlangen? Es bedeutet nicht weniger, als allem gegenüber zu sterben. Sei großzügig mit deinem Leben.

Wenn du perfekt sein willst, such das Ganze, wähl das Ganze, sei das Ganze.

Solange wir uns selbst gegenüber nicht sterben, solange wir mit jemandem oder etwas identifiziert sind, werden wir nie frei sein.

Auf dem Weg der Selbstvervollkommnung darf ein Mensch auch nicht für einen Augenblick Zeit vertrödeln. Sollte er für einen Augenblick aufhören zu arbeiten, würde er zurückrutschen.

Halte Dich selbst in Dir selbst.

Und Rumi (persischer Poet/Mystiker des dreizehnten Jahrhunderts):

Als ich mich anblickte, sah ich mich selbst nicht mehr.

Gib dein süßes Leben auf; was kannst du tun? Du hast keinen Schild.

Ich sah lange in mein Herz, da sah ich Ihn. Er war nirgendwo sonst.

In mir ist ein Anderer, durch den diese Augen leuchten.

Entsage dem Leben und der Welt, damit du das Leben der Welt erblickst.

*Wenn das Medium des Leibes entfernt ist, erkennt der Entkör-
perte, wie Moses, ohne jeden Schleier das Licht des Mondes, das aus
seinem eigenen Busen scheint.*

*Hier existiert nichts außer dem Mondenstrahl Allahs. Er ist weit
jenseits von allem Begreifen und aller Vorstellung. Es ist das Licht
des Lichtes des Lichtes des Lichtes des Lichtes.*

*Dein ganzer Körper wird wie ein Spiegel; er wird ganz Auge und
spirituelle Substanz.*

Ich kann mich nicht vom Licht unterscheiden.

SUFISMUS, DER HÖHEPUNKT DES ISLAM

Das ist die Botschaft der Upanischaden, des Zen-Buddhismus,
und (allerdings mit mehr Vorsicht) des John van Ruysbroek, es ist
die Erfahrung aller großen Mystiker. Trotzdem gehört der Sufismus zum Islam, wächst natürlich aus ihm und bewahrt viel von
seinem ursprünglichen Charakter. Er geht zurück auf den Koran,
in bezug auf die Autorität des Propheten: »Gott ist dem Menschen
näher als seine eigene Schlagader.« Seine wahre Basis ist die Mos-
lem-Übung des Dikr oder Gottes-Erinnerung. Und in seinem
wohlerwogenen Einsatz körperlicher Hilfen für die Erinnerung,
die zur spirituellen Ekstase und manchmal zur Trance führen, ist
er typisch moslemisch und einzigartig unter den Religionen.

Das Vortragen von Poesie, das Spielen von Musik (Ravels be-
rühmter Bolero ist von den Sufis entlehnt), Gesang und Tanz – das
sind nicht so sehr brauchbares Beiwerk, als vielmehr Ausdruck
der Freude des gotterfüllten Lebens der Sufis. Das gilt im besonderen für die heiligen Tänze, bei denen die Teilnehmer einen Ring
formen und beginnen, sich mit zunehmender Geschwindigkeit im
Kreis zu drehen, sich zu verneigen oder zu springen, wenn sie den
Namen Allahs wiederholen; oder auch wenn jeder Tänzer sich wie
ein Kreisel um sich selbst dreht.

Für uns sieht das wie eine sehr merkwürdige religiöse Übung aus. Aber wiederum, wie so vieles, das charakteristisch für den Islam ist: Es funktioniert. Der Sufismus, dem Zen so völlig unähnlich in Stil und Stimmung, ist auf seine eigene Weise eine ebenso wirkungsvolle Disziplin. Beide haben viele wirklich Erleuchtete hervorgebracht, und manche in unserer Zeit. Das ist, was einer von ihnen, der algerische Scheich Al-'Alawi, der 1934 gestorben ist, zu sagen hat:

Du bist wie eine Fata Morgana in der Wüste, von der ein Durstiger meint, es wäre Wasser; wenn er aber hinkommt, findet er nichts. Und wo er meinte, daß es war, dort findet er Gott. Ähnlich ist es, wenn du dich selbst untersuchen und finden würdest, daß da nichts ist und statt dessen Gott finden würdest. Das heißt, du würdest Gott statt deiner finden, und von dir würde nichts übrigbleiben, außer einem Namen ohne eine Form.

Weil das wahrer Islam ist, die äußerste Hingabe, ist das auch, in aller Kürze, die Botschaft aller Erwachten.

Wenn man sich dem großartigen Gebäude der Naturwissenschaft zuwendet und sieht, wie es errichtet worden ist; wie viele Tausende von uneigennützigen, sittsamen Menschenleben allein in seinen Grundmauern begraben liegen, welche Geduld und welch ein Aufschub, wieviel Unterdrücken von Vorlieben, was für Unterwerfungen unter die eisigen Gesetze der äußeren Tatsachen sind in seine Steine und den Mörtel eingehämmert; wie absolut unpersönlich es in seiner riesigen Erhabenheit dasteht – wie töricht und nichtswürdig erscheint dann jeder kleine Sentimentalist, der daherkommt und seine eigenen Rauchringe bläst und vorgibt, Dinge aus seinen eigenen Träumen entscheiden zu können! Können wir uns dann wundern, wenn die, die in der harten Schule der Wissenschaft aufgewachsen sind, sich danach fühlen, solche Subjektivismen auszuspeien? ... Clifford schreibt: »Glauben, der ungeprüften und nicht hinterfragten Behauptungen nur zum Trost und dem eigenen Vergnügen des Glaubenden geschenkt wird, entweiht ... Wenn eine Überzeugung aufgrund ungenügender Beweise akzeptiert wurde, dann ist das Vergnügen gestohlen ... Es ist sündhaft, denn es ist in offener Verachtung unserer Verpflichtung gegenüber der Menschheit gestohlen. Diese Verpflichtung soll uns vor solchen Überzeugungen wie vor der Pest bewahren, die in kürzester Zeit unseren eigenen Körper beherrscht und sich dann auf die ganze Stadt ausbreitet ... Es ist immer, überall und für jeden, falsch, irgend etwas aufgrund ungenügender Beweise zu glauben.

William James (1842–1910)

7 RELIGION UND WISSENSCHAFT

RELIGION UND GESELLSCHAFT

Wir haben unseren Überblick über die großen Religionen der Welt beendet – die großen Glaubensrichtungen, die während der erstaunlichen Periode von ungefähr 800 v. Chr. bis 600 n. Chr. entstanden sind. Was das für eine herrliche Blütezeit des menschlichen Geistes gewesen ist! Was für ein nachhaltiges, abwechslungsreiches und vitales Wachstum diese Religionen als Ganzes bilden: Nur unsere Nähe zu der einen oder anderen von ihnen verbirgt ihre wesentliche Einheit.

Und was wir denen verdanken! Sogar deren Gegner räumen ein, daß die Geschichte der Zivilisation auch die Geschichte der Religion ist. Historiker haben gezeigt, bis zu welchem überraschenden Grad unsere Künste und Wissenschaften religiöse Ursprünge haben. Die frühe Poesie und Musik, der Tanz und die Malerei zum Beispiel waren viel eher heilige als weltliche Aktivitäten. Es war sogar so, daß es zunächst keine klare Trennung zwischen der Religion und dem gewöhnlichen Leben gab. Und immer war Religion die große Förderin aller Künste, ihr bester Kunde. Vor allem (wie wir gesehen haben) hat sie die vereinenden Ideale geliefert, die moralischen Gesetze, die bewußten Regeln, die helfen, Gesellschaftsordnungen zusammenzuhalten, nachdem die instinktive, aus alter Zeit stammende Einheit zusammengebrochen war. Sogar wenn wir uns jetzt selbst Atheisten oder antireligiös nennen, bekommen wir alle unsere Munition aus unserer lebenslänglichen, ständig sich vermehrenden sozialen Erbschaft, die, wenn wir zeitlich zurückblicken, eine immer religiösere Erbschaft wird. Ob wir das mögen oder nicht, Religion ist uns allen eingepflanzt. Unter der Haut sind wir alle religiös.

Natürlich braucht uns diese riesige Schuld gegenüber der Religion nicht davon abzuhalten, der Meinung zu sein, daß sie ihre Arbeit getan hat und daß wir jetzt ihre morschen Überreste – ihre prä-wissenschaftlichen, unmodernen Haltungen und Überzeugungen – loswerden müssen. Der moderne Geist ist tatsächlich gegen die traditionellen Religionen. Sie alle stehen unter Beschuß, und die meisten ziehen sich zurück. Das bedeutet nicht, daß sie erledigt wären. Es wird sicherlich viele Comebacks geben.

Wir hören oft, Menschen in Europa und Amerika und sogar im Osten wären jetzt viel weniger religiös als je vorher in der Geschichte. Ich weiß nicht, wie man das prüfen könnte; und soweit ich verstehen kann, was das heißt, bezweifle ich, daß das wahr ist. Ganz gewiß ist, daß sich die religiösen Vorstellungen und Gefühle der Menschen während der vergangenen paar Jahrhunderte im Westen, und seit kurzem im Osten, radikal verändern. Eine große religiöse Revolution ist im Gange. Weil sie immer noch im Entstehen ist, ist es schwierig, ihr einen Namen zu geben. Sie könnte wissenschaftlicher Humanismus genannt werden, aber dieser Ausdruck hat auch andere Bedeutungen. Wir sind vielleicht zu stark beteiligt, um ganz klar zu sehen, wir wollen in diesem Kapitel einen schnellen Blick in ihre Richtung tun.

Zu Beginn werden wir einige der Ursachen dieser großen Revolution – politisch, wissenschaftlich und psychologisch – betrachten.

RELIGION UND POLITIK

Religion ist eigentlich nie unpolitisch gewesen. Es liegt nicht daran, daß sie unglücklicherweise in schlechte Gesellschaft geraten wäre. Nein, ursprünglich waren Religion und Politik die gleiche Sache, und die politische Geschichte ist die Geschichte ihrer langsamen Entwirrung. Manchmal war der König auch Oberpriester oder sogar ein Gott, aber seine Person und sein Amt waren in jedem Fall heilig. Alle seine Gesetze waren göttliche, nicht von Menschen geschaffene Gesetze. Tatsächlich war die gesamte Sozialstruktur, einschließlich der Regeln für gesittetes Verhalten, die Staffelung der Bestrafungen für Vergehen gegen die Gesetze und Institutionen wie Sklaverei, Kastenwesen und die Unterdrückung von Frauen – alle waren göttlich verordnet. Irgendeine in Frage zu stellen, hieß, die Religion selbst in Frage zu stellen. Aus diesem Grund ist es nicht überraschend, daß die Religion überall in der Welt und fortlaufend in der Geschichte (mit einigen rühmlichen Ausnahmen, wie wir sehen werden) einen extrem konservativen Einfluß ausgeübt hat. Fast immer war sie auf seiten des Establishments gegen die Reform. Sogar heute ist zum Beispiel die Church of England Teil des Staates und muß im großen und ganzen für die Erhaltung der bestehenden politischen, sozialen und ökonomischen Ordnung eintreten. Und nie hat sie als amtliche Instanz versäumt, Gott in Kriegszeiten auf der britischen Seite anzuwerben. Ist es dann so überraschend, daß so viele intelligente und moralisch empfindende Menschen heutzutage keinen Wert darauf legen, sich Christen zu nennen und sich eigentlich zu überhaupt keiner Religion bekennen?

Karl Marx ist der letzte große hebräische Prophet genannt worden – er starb 1883. Mit aller flammenden, moralischen Entrüstung verurteilte er Religion als »Opium für das Volk«. Er meinte nicht, daß (zum Beispiel) ein Feudalherr im mittelalterlichen England die Kirche nur deshalb unterstützte, weil sie seine armseligen Leibeigenen »bei der Stange hielt« und ihnen beibrachte, daß er von Gottes Gnaden eingesetzt war. So einfach und wohlausgeklügelt war das nicht: die Religion selbst war es, die korrupt war und korrumpierte. Und nicht etwa diejenigen, die davon Gebrauch machten: Sie waren in diesem Prozeß verfangen. Aber in jedem Fall schloß Rebellion gegen Unterdrückung natürlicherweise auch Rebellion gegen die Religion mit ein, die eines der Hauptinstrumente der Unterdrückung geworden war.

Natürlich sind hebräische Propheten zu »besessen«, um fair zu sein. Marx hat nicht erkannt, wieviel seiner moralischen Munition von der anderen Seite kam. Die Gleichheit aller Menschen vor dem Allmächtigen Gott, der ohne Ansehen der Person handelt, und das Gebot, seinen Nachbarn wie sich selbst zu lieben – das sind bewährte Verurteilungen aller sozialen Ungerechtigkeit und Tyrannei. Und es sind bleibende religiöse Erkenntnisse wie diese, die fortlaufende Revolutionen gegen die schlechte alte, soziale Ordnung und schlechte Religion, die sie unterstützt, anstiften.

Drei Punkte tauchen auf. Erstens, Religion ist in der Praxis beides, moralisch und unmoralisch, sowohl für Gerechtigkeit und Mitgefühl als auch gegen sie. Zweitens, von Zeit zu Zeit ist es notwendig, Religion mit den härtestmöglichen Begriffen zu verdammen. Und drittens, die Verdammung, dieser antireligiöse Protest, ist selbst – im besten Fall – ein moralischer Vorstoß und Inspiration von wahrhaft religiöser Qualität. Im schlimmsten Falle natürlich ist er überhaupt nicht so: Aber das ist eine andere Sache.

RELIGION UND ASTRONOMIE

Wie in der Politik, so ist auch in der Wissenschaft Religion gegen Veränderung. Die traditionelle Religion fördert nicht nur die existierende Sozialordnung – egal wie ungerecht – gegen die kommende Ordnung, sondern auch die existierende Weltanschauung oder Kosmologie – egal wie unwahr – gegen die neuen Vorstellungen, die sie bedrohen. Die Wissenschaftsgeschichte der letzten 500 Jahre erzählt von dem entschlossenen Widerstand der Religion gegen jeden großen Schritt nach vorn. Und jedesmal wurde sie gezwungen, einzulenken.

Aber dann ist dieser extreme Konservatismus nur natürlich. Seine Wurzeln reichen zurück zum ersten Anfang der Zivilisation, zu der Zeit, in der alle Kosmologie religiös und alle Religion kosmologisch war: Die beiden waren praktisch eines. Insoweit irgendwelche klaren Vorstellungen über den Ursprung und die Beschaffenheit der Welt existierten, hatten sie die gleichen Vorstellungen über ihren Schöpfer und Herrn und über das göttliche Drama, für das die Welt die Bühne war.

Zusammen mit anderen Religionen war das traditionelle Christentum sicher erdzentriert. Es betrachtete unsere Erde als den wichtigsten Mittelpunkt des physischen Universums, die Achse, um die sich die Sonne und alle Sterne täglich drehten. Und natürlich war das der einzige passende Schauplatz für Gottes großen Plan der Erlösung, einschließlich der Geburt Seines eingeborenen Sohnes in Bethlehem, seine Kreuzigung auf dem Kalvarienberg und seine Auferstehung durch die Wolken in den Himmel.

Kein Wunder, daß die Kirche die Entdeckung, daß unsere Erde nicht das Zentrum des Universums ist, sicher schwerlich begrüßen konnte; auch nicht die nachfolgende Entdeckung, daß weder unsere Sonne noch sogar unsere Galaxis diese einzigartige Ehre geltend machen können. Das Universum hat überhaupt kein physikalisches Zentrum: Jeder einzelne der Millionen von Millionen von Millionen Himmelskörper ist, von seinem eigenen Standpunkt aus gesehen, die Achse vom Rad der Natur. Was das spirituelle Zentrum des Universums betrifft, so erzählen uns die Astronauten, daß es wahrscheinlich ziemlich üblich ist, daß Sterne Planeten haben: in welchem Fall jetzt ohne Zweifel unzählige Millionen von Erden existieren, die in der Lage sind, Leben zu erhalten. Und wo alle Bedingungen des Lebens entstehen, fügen die Biochemiker hinzu, wird dort sicherlich Leben folgen. Und es wäre wirklich sehr merkwürdig, wenn keines dieser kosmischen Lebewesen uns spirituell und in jeder anderen Art und Weise voraus wäre.

Manche Christen versuchen, die Bedingungen dieses neuen Weltbildes ernsthaft anzunehmen, aber wie weit können sie gehen, ohne das Christentum aus der Fassung zu bringen? Andere Christen finden es leichter und viel sicherer, sich – einstweilen – nicht mit Wissenschaft abzugeben. Aber ehe wir irgend jemanden beschuldigen, unehrlich zu sein, seinen religiösen Glauben luftdicht abzuschließen und gut gegen den eigenen wissenschaftlichen Glauben zu isolieren, lassen Sie uns erstmal unsere eigene Ehrlichkeit anschauen. Wie tief ist diese Lektion der Demut eingesunken –, daß wir eben nicht der Mittelpunkt von allem sind, unbedeutend, faktisch nichts sind, in einem Universum, das uns rätselhaft ist und jede Vorstellung übersteigt? Auch wenn wir keine Christen sind oder überhaupt religiös, finden wir es nicht viel bequemer, religiös vorwissenschaftlich zu bleiben – großer Fisch in unserem sehr kleinen Teich?

RELIGION UND BIOLOGIE

Die Aufgabe, traditionelle Religion und moderne Wissenschaft auszusöhnen, wird noch peinlicher, wenn wir uns zum Ursprung des Lebens und zum Menschen selber wenden. Ohne Zweifel nehmen gebildete Christen und Juden den Garten Eden mit einer Prise Salz – nicht als wörtliche Tatsache, sondern als tiefgründige Parabel oder Mythos. Aber da bleibt eine vage Überzeugung, daß der Mensch irgendwie eine besondere Schöpfung sei, gestaltet nach Gottes Ebenbild und in keiner Hinsicht nur ein sehr kluges Tier. Das ist nicht überraschend, wenn wir uns erinnern, daß der endgültige Beweis gegen alle solche Schöpfungs-Mythen (und es gibt viele) noch nicht einmal zwei Jahrhunderte alt ist.

Aber schließlich haben die Gesteine ihre und unsere Geschichte erzählt: eine Geschichte von der Abkühlung der Erde, vom schrittweisen Aufbau ihrer Oberflächenmaterialien, dem Erscheinen von Lebensformen aus nicht-lebender Materie und von deren Evolution in höhere und höhere Arten und endlich bis zum Menschen selber. Und diese Ahnengeschichte von uns auf der Erde – unser langsamer Fortschritt von gallertartigen Klumpen oder Masse lebender Materie, durch wurmähnliche Kreaturen, Fische, Amphibien, Reptilien, primitive Säugetiere, affenartige Säugetiere – und Vormenschen –, diese ganze Ahnengeschichte bestätigt jeder von uns vollständig und wiederholt fein der Reihe nach in seiner eigenen persönlichen Geschichte innerhalb des Mutterschoßes alles noch einmal vor der Geburt. Hier, in neun Monaten, gehen wir schnell durch alle Stadien des Lebens, von den niedersten bis ganz nach oben. Die Wahrheit ist, daß man, um Mensch zu werden, jede Art Kreatur sein muß. Einen bloß menschlichen Zustand gibt es nicht. Es gibt kein Geschöpf wie einen Menschen, der nur Mensch ist.

Eine Religion, die an dem ziemlich schmeichelhaften Glauben festhält, daß Gott den Menschen extra und plötzlich nach Seinem Bild erschaffen hat, muß der Entdeckung, daß der Mensch ein Tier ist, Widerstand leisten. Und jeder von uns, ob religiös oder nicht, muß auch der weiteren Entdeckung Widerstand leisten, daß er in seiner *eigenen Lebenszeit* dem Rang der Fliege, die am Fenster kriecht, untergeordnet war. Natürlich wissen wir alle etwas von der Embryologie, aber Begreifen ist eine ganz andere Sache. Es benötigt ungewöhnliche Ehrlichkeit und bewundernswerte Demut, sich als Bruder dieser Fliege zu fühlen und noch mehr, um sie als eine Art Gott oder Engel zu respektieren, verglichen mit einem selbst vor fünfzehn oder zwanzig Jahren! Wenn wir, statt uns als Embryos in unseren Müttern, von außen als Larven gesehen worden wären – im Reagenzglas und an Fensterscheiben, in Aquarien und zoologischen Gärten –, dann wären wir gezwungen, der Wahrheit über uns in die Augen zu schauen! So wie die Dinge liegen, schaffen wir es, an unseren bequemen, religiösen, vorwissenschaftlichen Illusionen festzuhalten, ohne dabei wirklich zu glauben, Geologen und Embryologen wären Lügner.

Wie in der Vergangenheit, so auch mit unserem gegenwärtigen Zustand: Selbst der am wenigsten Religiöse träumt selten davon, die Wissenschaft ernstzunehmen. Der Biologe sagt, daß wir wirklich eine wandelnde Stadt, ein riesiges Gemeinwesen-auf-Beinen sind, dessen Bürger bescheidene Muskelzellen sind, Leberzellen, Hirnzellen und so weiter – jede lebt ihr eigenes, kleines Leben und stirbt ihren eigenen, kleinen Tod. Wie kommt es, daß das Wesen, das als König dieser wunderbaren Stadt (oder vielleicht seinem esprit de corps) auftritt, niemals einen Gedanken an seine Bürger verschwendet oder daran, was er ohne sie wäre? Wieder ist es sicherer, da nicht hinzusehen – sicherer für unseren Stolz und für die Religion, die so nicht untergraben werden.

RELIGION UND PHYSIK

Natürlich hört der Wissenschaftler nicht auf, uns in Zellen zu zerlegen. Auseinandernehmen ist sein Geschäft. Er spaltet unsere Zellen in Moleküle, unsere Moleküle in Atome, unsere Atome in primitive Teilchen, wie Elektronen und Protonen, und diese – na ja, gewiß nicht in irgendeine Art Ding. Der Physiker sagt, daß mein scheinbar fester Körper, wenn er aus der Nähe angeschaut wird, nur ein energieerfüllter Raum ist, so leer wie der Himmel. Je näher er mich anschaut, um so mehr verschwinde ich. Nur wenn ich aus, sagen wir mal, zwei Metern angesehen werde, erscheine ich als Mensch; oder aus einer Entfernung von vier Millimetern scheine ich Zellen zu sein; oder von noch kleineren Entfernungen scheine ich Teilchen zu sein oder Energien irgendwelcher Art. Da draußen, für meinen Beobachter, scheine ich diesen exaltierten menschlichen oder tierischen oder materiellen oder sub-materiellen Status zu erlangen. Aber genau hier bin ich bei weitem nicht so grandios.

Denn wenn ich jetzt diese präzise Stelle untersuche, die ich einnehme, diese Quelle all meiner lokalen Erscheinungen, dieses eine Stückchen der Welt, das niemand als ich zu beobachten in der Lage ist, dann finde ich, daß ich tatsächlich nicht menschlich, nicht tierisch, nicht materiell noch irgendeine Art von Nebel oder Wolke bin. Der Nebel hat sich völlig aufgelöst. Wenn ich mich selbst genau hier betrachte, an der Stelle, der sich der Wissenschaftler annähert, die er aber nie ganz erreichen kann, aus *keiner* Entfernung, finde ich hier, was mir die Mystiker sagen, daß ich es finden soll – Leere, vorausgesetzt ich bin aufmerksam und bescheiden genug, nur zu schauen. Denn das ist die letzte Kränkung, die in Luft aufgelöst werden muß. Es ist nicht angenehm, total demoliert zu sein, deshalb nehmen wir weder den Physiker ernst noch schauen wir nach innen, um seine Geschichte zu überprüfen und sie zu beenden. Wieder ist es bequemer, sich nach dem »gesunden Menschenverstand« und nach dem »gesunden Religions-Verstand« zu richten, der uns sagt, daß wir etwas und jemand sind. Wenn wir zulassen könnten, daß sich unsere Physik und unsere Religion treffen, wären die Ergebnisse mehr als beunruhigend. Sie wären explosiv.

RELIGION UND PSYCHOLOGIE

Die neue Astronomie, die neue Geologie, die neue Biologie – eigentlich alle Naturwissenschaften sind gegen die traditionelle religiöse Sicht des Menschen und der Welt aufmarschiert. Gibt es einen Zweifel, wer gewinnen wird?

Der Kampf wird noch ungleicher; auch die Sozialwissenschaft und die Psychologie tragen den Angriff energisch vor. Wir können der Entwicklung religiöser Vorstellungen jetzt von ihren primitiven Anfängen bis zu ihren neuesten und erhabensten Höherentwicklungen nachgehen und erkennen, daß der gesamte Prozeß durch Klima, wirtschaftliche Bedingungen und soziale Spannungen bestimmt ist. Wir können tun, was wir in diesem Buch getan haben – unsere eigene mit anderen Religionen vergleichen –, nicht immer zu unserem Vorteil. Wir können reisen, bis wir alle Religionen nach ihrem Lokalkolorit, malerischen Szenerien betrachten können, die nur so wahr sind, wie das historische Gebäude und Gemälde sind.

Wir können die Menschheit in psycho-physische Typen einteilen – fette und nette Menschen, magere und hungrige Menschen und so weiter – und ihre religiöse Einstellung aus ihrem Knochenbau und ihrem Gewicht ableiten. Wir können jede religiöse Erfahrung mit mentalen und körperlichen Krankheiten koppeln und nachweisen, daß einige davon eindeutig pathologisch sind. Wir können unsere tiefsten religiösen Überzeugungen analysieren und zeigen, wie sie aus früheren Schwierigkeiten mit unseren Vätern und Müttern stammen oder daß sie wegen unterdrückter Geschlechtstriebe auftreten.

Noch schlimmer für unsere Religion, wenn nicht tödlich, ist die alarmierende Tatsache, daß unsere Überzeugungen durch unsere Chemie bestimmt werden. Der Inhalt eines Reagenzglases A, in meinen Arm gespritzt, wird innerhalb von ein paar Minuten herrliche mystische Visionen des Himmels und vielleicht religiöse Erfahrung von wirklich hohem Rang produzieren. Der Inhalt von Reagenzglas B wird die gegenteilige Wirkung hervorrufen und mich direkt in die Hölle schicken. Führt das nicht all unsere gehätschelte Spiritualität ad absurdum? Wenn alles, was wir denken und fühlen, doppelt festgelegt wird, zunächst durch die äußeren Umstände, dann heimtückischer durch unsere eigenen Inhalte, dann sind wir nicht freier, unsere Religion zu wählen, als ein Computer.

Wie kann irgendeine Religion solchen Tatsachen ins Gesicht sehen und überleben? Und wie kann sie sich weigern, denen ins

Gesicht zu sehen und doch behaupten, sie wäre an der Wahrheit interessiert – ganz abgesehen davon, uns zu sagen, was die Wahrheit wirklich ist?

DIE RELIGIÖSE BASIS DER WISSENSCHAFT

Kein Wunder, daß so viele Menschen bestrebt sind, die Religion zu begraben und hinter sich zu lassen. Trotzdem ist es Brauch, bei Begräbnissen ein liebevolles Wort über den Verstorbenen zu sprechen – besonders, wenn es das Begräbnis deiner Mutter ist! Das Christentum ist Vater und Mutter der westlichen Wissenschaft.

Die Primitiven betrachteten die Welt (wie wir gesehen haben) als den Spielplatz zahlreicher Dämonen oder Geistermächte, deren Verhalten exzentrisch und riskant war. Die Welt war kein Königreich, sondern eine Anarchie, von Grund auf unsicher und gewiß zu »heiß«, um wissenschaftlich damit umzugehen. Wir haben auch gesehen, daß die östlichen Menschen die Welt als Maya betrachtet haben, als Traum oder Illusion und nicht wirklich genug, um ernste Untersuchung lohnend erscheinen zu lassen. In der Tat ist es genau das, was die Wirklichkeit unserem Blick versteckt. Nur der westliche Mensch hat die Welt als vollkommen wirklich, rational und bewundernswert betrachtet – weil es die eigene Handarbeit des Herrn ist.

Diese Vorstellung einer Welt, von einem einzigen, universalen System natürlicher Gesetze, die das Verhalten aller Dinge überall und zu allen Zeiten steuert, ist selbst keine natürliche Vorstellung. Es ist eine bemerkenswerte und ziemlich intellektuelle Idee, die vielleicht ohne die Vorstellung eines persönlichen Gottes, eines transzendenten Schöpfers, der außerhalb Seiner Schöpfung steht, wie ein Uhrmacher außerhalb seiner Uhr, nie entstanden wäre. Das Universum ist Sein großes Werk, die Verkörperung Seiner Seele. Deshalb ist es ein Ding, und nicht eine Menge vieler Dinge, insgesamt gesetzestreu, wesenhaft gut, perfekt wirklich und für unseren Verstand durchschaubar. Entsprechend ist die Wissenschaft Vorrecht und sogar Pflicht des Menschen, der dadurch Gottes Natur und Absicht, ausgedrückt durch Zeit und Raum, entdeckt. Kurz gesagt, der primitive Mensch hatte nicht den Mut, die Welt zu erkunden; der östliche Mensch hatte kein Interesse. Der westliche Mensch kam dazu, beides zu haben – dank der Vorstellung, die er von seinem Schöpfer hat.

Aber die wichtigste Entdeckung des westlichen Menschen, seiner Einsichten in Gottes Geist, wie er in Seinem Universum zum Ausdruck kommt, ist die, daß das Universum sehr gut ohne Gott auskommt! Zuerst wurde die Natur vom allmächtigen Willen eines personalen Gottes regiert, dann durch Sein unpersönliches Gesetz, dann einfach durch Gesetz. Und heutzutage wurde sogar die Idee eines Naturrechts fallengelassen. Die Dinge laufen einfach weiter, wie es ihnen gefällt – obwohl das, was ihnen heute zu tun gefällt, glücklicherweise fast dasselbe wie gestern ist! Die moderne Wissenschaft ist die Entdeckung von Regelmäßigkeiten im Verhalten der Dinge. Anerkannt sind weder ein Gesetzgeber noch Gesetze.

POSITIVISMUS

Die Philosophie, die die Wissenschaft anstelle der Religion auf den Thron gehoben hat, wird Positivismus genannt. Sie weist mit einer verächtlichen Geste auf die sich widersprechende Masse theologischer Vorstellungen, Spekulationen über Gott und Seele und das Leben danach, und auf den freien Willen und tausend andere nebelhafte Themen – inspirierte Vermutungen und Mythen und Legenden aller Art und blanken Unsinn, der gebildete Leute im vorwissenschaftlichen Zeitalter beschäftigt hielt. Viele Argumente waren brillant, viele der Vorstellungen kühn und erhebend, aber nie führten sie zu etwas. Immer tauchten ebenso brillante Argumente und ebenso kühne und erhebende Vorstellungen auf, die ihnen widersprachen. Es gab keinen Fortschritt, keine Vermehrung des Wissens.

Der Grund dafür lag in der falschen Methode. Der Positivist sagt, der einzige Weg, die Wahrheit über die Welt zu finden, ist, aufzuhören über sie *nachzudenken* und sie geduldig zu *beobachten*, auf der Suche nach Gesetzmäßigkeiten, im Formulieren hypothetischer »Gesetze« (wenn möglich in mathematischer Form) und dann im Testen dieser Gesetze durch Experimente. Auf diese Weise, im vorsichtigen Abtasten des Weges und dem Testen unterwegs, wird man einzelne Naturgesetze zu immer generelleren Gesetzen verbinden – mit zwei Ergebnissen: Zunächst wird man in der Lage sein, mehr und mehr vorauszusagen, was in der Natur passieren wird. Zweitens wird man in der Lage sein, das neue Wissen mehr und mehr für die Kontrolle der Natur anzuwenden. Diese Kontrolle bestätigt die Methode. Die moderne Welt ist ein riesiges Monument für die positivistische Wissenschaft. Dreißig Jahrhunderte profunden Denkens, scharfsinniger und ausgedehnter Diskussion sind völlig ergebnislos, sie lassen uns am Ende weniger klug sein als am Anfang. Sie häufen nur Verwirrung auf Verwirrung. Und sie bringen der Menschheit weniger Nutzen als dreißig Minuten, die für einen Blutabstrich in einem Laboratorium gebraucht werden.

Zugegebenermaßen sind die Entdeckungen der Wissenschaft nicht so profund oder so Auftrieb verleihend wie die der Religion und der Philosophie. Ihnen reicht es, sehr begrenzt, sogar oberflächlich zu sein, sogar damit zufrieden zu sein, nichts sehr Tiefes über das Leben und den Menschen zu enthüllen – bisher. Es genügt, daß die Entdeckungen der positivistischen Wissenschaft in ihrem Bereich zutreffen, was soviel bedeutet, daß sie präzise formuliert, von jedem getestet werden können, miteinander vereinbar sind und vielleicht früher oder später nützliche Arbeit für die Menschheit bringen.

Natürlich stimmt es, daß diese Entdeckungen mißbraucht werden und sogar Waffen geschaffen haben, die in der Lage sind, die Menschheit zu vernichten. Der Positivist ist ebenso alarmiert wie jeder von uns, findet aber Grund für Hoffnung. Vielleicht wird diese Bedrohung der Vernichtungsmacht der Wissenschaft die Menschheit vereinen, wie das Religion und Philosophie niemals vermocht haben. Und wurden Religion und Philosophie nicht auch ungeheuerlich mißbraucht und sind verantwortlich für mehr Haß, Kriege, Grausamkeit, Bigotterie, Repression und Heuchelei, als die Wissenschaft es je sein kann?

DIE MORALITÄT DER WISSENSCHAFT

Vor allem, sagt der Positivist, ist der Wissenschaftsgeist dem religiösen Geist moralisch überlegen. Er ist ehrlich. Der Religion geht es immer um einen Vorteil, um Belohnung, sie ist gierig nach Erlösung, nach Frieden, nach Glück, nach dem Weiterleben nach dem Tode. Natürlich wird sie beinahe alles glauben, um solche Vorteile zu erreichen. Folglich ist das schlechtes moralisches Training, schlechtes intellektuelles Training, schlechtes praktisches Training. Ihre Wirkung auf den Charakter kann beklagenswert sein. Die reine Wissenschaft dagegen will einfach nur die Wahrheit, auch dann, wenn die Wahrheit überhaupt keine Vorteile bringt, sogar wenn sie schrecklich ist! Ironischerweise ist es gerade dieses Desinteresse, diese noble Gleichgültigkeit gegenüber Belohnung, was Wissenschaft so lohnend macht. Ihr erstaunlicher Erfolg beruht nicht, wie das ihre Gegner gerne behaupten, auf ihrer Habgier, sondern auf deren Abwesenheit!

Unser Positivist würde etwa das sagen: Die religiöse Vorgehensweise ist habgierig und arrogant und ungeduldig, dagegen ist die wissenschaftliche Vorgehensweise unvoreingenommen, bescheiden und sehr geduldig. Der Wissenschaftler sieht angesichts der Tatsachen von sich ab, er liefert sich dem aus, was vorliegt, ohne zu versuchen, es zu verbessern, er gestattet den Tatsachen, sich so zu zeigen, wie sie sind, er beobachtet und hört hin. Der Mann der Religion ist nicht vorurteilslos, allem drängt er seine persönlichen Gefühle auf, seine Wahrnehmungen, seine Vorstellungen, seine Ideen. Schlimmer noch, er drängt allem, was ihm vorliegt, alle Arten von Ansichten aus zweiter Hand auf, alle Arten von Ideen und Erkenntnissen, die nicht einmal seine eigenen sind. Er gibt dem Wirklichen, dem Vorhandenen nicht die Ehre. Er hat keine natürliche Ehrfucht.

Deshalb kann man nur erwarten, daß die Religionen der Welt sich in den Haaren liegen (sagt der Positivist), ein lärmender Haufen sich bekriegender Systeme und unvereinbarer Ideale, eine Ursache bitterer Trennungen zwischen Menschen. Die Wissenschaft, auf der anderen Seite, ist überall die gleiche und für alle Menschen: Ihre Gesetze, Methoden, ihr Geist, ihre mannigfachen Anwendungen und sogar vieles von ihrer Sprache sind in jedem Teil der Erde identisch, ohne irgendeine Konzession an Rasse, Temperament oder Tradition. Kein Wunder, daß die Wissenschaft verspricht, die Menschheit zu vereinen, was Religion nie könnte. Ihr Wesen selbst ist international, tatsächlich interplanetarisch, universell.

Und die Wissenschaft wird schon in einem Maße und einer Großzügigkeit eingesetzt, von der wir nicht einmal geträumt haben, um die Last des menschlichen Leidens überall in der Welt zu erleichtern. Im Geist der Wissenschaft selbst ist etwas verborgen, ein Gefühl für die Menschheit als Ganzes, eine praktische und nicht sentimentale Leidenschaft, die alle Hürden überwindet. Der Religion geht es selbstverständlich um das Geben von Almosen, aber Hilfe für alle Menschen, ohne ein Auge auf ihre Bekehrung und gleich welcher Glaubensrichtung, ist in der Tat eine religiöse Seltenheit.

Sogar unser Positivist würde zugeben, daß unser Bild der Wissenschaft etwas idealisiert ist. Der einzelne Wissenschaftler ist vielleicht nicht so viel besser als der religiöse Mensch, wenn es darum geht, seinen Prinzipien nach zu leben. In der Praxis gibt es auch in der Wissenschaft viel Unehrlichkeit und Arroganz, und Innovatoren haben es deswegen oft schwer. Natürlich! Das ist nur menschlich. Aber das wirkliche Zeugnis für das Vorherrschen und die gute Qualität des wissenschaftlichen Geistes – und besonders von dessen moralischem Aspekt – ist die Wissenschaft selbst, wie das im modernen Leben bewiesen und in jeder Einzelheit verkörpert ist. Ohne eine gewaltige und wunderbar konzertierte Bemühung um Ojektivität und Selbstzurückhaltung hätte nichts davon erreicht werden können.

DIE RELIGION DER WISSENSCHAFT

Und auch der Geist der Wissenschaft ist nicht bloß eine geduldige, mühsame, langweilige Sache. An ihren Höhepunkten, in den wahrhaft kreativen Wissenschaftlern – in Männern wie Darwin und Einstein – zeigt sie eindrucksvolle Kraft, Enthusiasmus, Tatkraft, intellektuelle Leidenschaft. Sie ist mit Leib und Seele bei der Sache. Bis zu einem bestimmten Grad integriert sie die Persönlichkeit und hebt einen Menschen über seine Armseligkeit. Insgesamt kann Wissenschaft ein bewundernswerter Lebensweg sein.

Das schließt gewiß auch den Glauben ein – gut getesteten und gut belohnten Glauben an die Einheitlichkeit der Natur und in die tiefe Verbindung zwischen dem menschlichen Verstand und dem Material, das er erforscht. Im Fall des sogenannten dialektischen Materialismus von Marx (das ist die offizielle Philosophie des Kommunismus) wird am Ende sogar ein noch stärkerer »religiöser« Glaubensartikel hinzugefügt. Das ist natürlich nicht der Glaube an einen persönlichen Gott, sondern vollständiges Vertrauen in so etwas wie wohlmeinende, unpersönliche Vorsehung mit dem nicht besonders werbewirksamen Namen Dialektischer Prozeß. Dieser freundliche Prozeß strebt nach Verbesserung in jeder Sphäre und wird uns unausweichlich am Ende zu einer Gesellschaft führen, in der jeder nach seiner Fähigkeit gibt und entsprechend seinen Bedürfnissen empfängt. Eine Gesellschaft, die Christentum endlich praktiziert!

Dennoch ist der Marxismus eigentlich eine Religion! Er hat seine Vorsehung, seinen Propheten, seine Apostel, seine heilige Schrift (*Das Kapital*, das Hauptwerk), seine Passion, seine erbitterte Intoleranz, seinen immensen Idealismus, sein immenses Unvermögen, seinen Idealen auch zu entsprechen. Sicherlich, er hat Gott fallengelassen, aber nicht entschiedener, als Gautama Buddha es getan hat. Er hat keinen Bedarf für Kultus, Kirchen oder Tempel, Gebet, Theologie (zumindest nicht von der alten Sorte), aber das hatte Buddha auch nicht. Wer wird in fünfzig oder hundert Jahren bezweifeln, daß das ebenso wirklich eine Religion ist wie der Theravada-Buddhismus?

Natürlich bleiben riesige Unterschiede. Der Buddhismus hat sich von Anbeginn als religiöse Bewegung gesehen, dagegen sah sich der Positivismus – und besonders der Marxismus – als antireligiös. (Ist sein Glauben deshalb um so viel tiefgründiger, weil er unbewußt bleibt?) Noch mal, ganz gleich, ob er marxistisch ist oder nicht, der Positivismus gehört zu unserer westlichen Gruppe der Glaubensrichtungen. Wie der Judaismus und das Christentum, von dem er abstammt, lokalisiert er Wirklichkeit da draußen. Es ist, wenn man will, die Wissenschaft des Beobachteten, während der Buddhismus die Wissenschaft des Beobachters ist – des Beobachters, der nach innen auf sich selbst schaut. Die positivistische Wissenschaft ist nicht mystisch.

DIE MYSTIK DER WISSENSCHAFT

Zunächst einmal ist sie nicht mystisch, sondern einfacher gesunder Menschenverstand. Aber in den vorangegangenen Kapiteln haben wir gesehen, wie jede religiöse Aktivität, wenn sie weit genug betrieben wird, in der Mystik endet. Wissenschaft macht da keine Ausnahme. Lassen Sie mich das erklären.

Die traditionelle Religion übergibt alle Dinge und Geschehnisse *hoch* zum Ganzen, zu Gott, der Herrscher und Einheit Seiner Welt ist. Die Wissenschaft tut fast das gleiche, nur rückwärts. Sie übergibt alle Dinge und Geschehnisse *runter, runter, runter,* durch die molekularen und atomischen und sub-atomischen Ebenen bis zum physikalischen Substrat selbst. Wir haben zum Beispiel gesehen, wie sie von unseren Körpern sagt, daß sie »wirklich« Zellen sind, und die Zellen sind »wirklich« Moleküle – und so weiter, bis wir zu einer Wolke unerforschbarer Teilchen reduziert sind, zu energieerfülltem Raum, zum Unbekannten.

Alles, was in der Welt vor sich geht – Liebe, Schmerz, Musik, Farbe, Sport, Religion, Wissenschaft, Menschen, Sterne, Bäume, Tiere, Ihr Lesen dieses Buches –, alles ist irgendwie in ihr enthalten oder taucht in jedem Fall irgendwie aus diesem unendlich geheimnisvollen Substrat auf. Aus dieser grundlegenden »Leere«

rühren jetzt diese Worte über sie selbst her! Wunder über Wunder, lassen diejenigen der traditionellen Religionen im Vergleich halbherzig und rational erscheinen.

Natürlich kann sich die Mystik der Wissenschaft nicht selbst als solche erkennen. Für den Wissenschaftler (als Wissenschaftler) ist diese Art Aussage bedeutungslos. Seine ist eine funktionierende praktische Mystik, ohne fromme Worte, sondern stets bewiesen und geprüft. Es ist nicht die Mystik des Ganzen, sondern die seiner winzigsten Teile, nicht auf Gott, den Herrscher, und die Einheit der Welt, sondern auf die Basis der Welt, das »Nicht-Sein«, ist sie gegründet. Daß sie außerordentlich mystisch und »absurd« ist, wie alle wahre Mystik, ist klar genug. Vielleicht können wir anfangen, uns vorzustellen, wie ein Gott, der alles umfängt, der die Ganzheit der Welt ist, die Quelle von allem sein kann und wie aus Seinem inneren Reichtum alle Dinge fließen können. Aber dieses öde und leere Substrat, dieses Etwas, von dem alles methodisch, Schicht für Schicht, abgestreift wurde – wie um Himmels willen kann es überhaupt irgend etwas hervorbringen?

Ist es denn ein Mythos, ein gut geeignetes Stück Erfindung? Gewiß nicht. Es funktioniert – und *wie* es funktioniert! Vor allem (wie ich gesagt habe) können wir den Vorgang des Zerlegens zu Ende führen und prüfen, was übrigbleibt, indem wir bemerken, daß sich unser Körper weder fest anfühlt noch so aussieht, sondern ganz leer ist.

Und wenn wir meinen, diese ganze Betrachtungsweise wäre überhaupt zu modern, zu wissenschaftslastig und hätte nicht viel mit dem zu tun, was religiös und heilig ist, dann können wir eben 2500 Jahre zurück zu den Chhandogya-Upanischaden gehen:

Uddalaka bat seinen Sohn, eine Banyan-Frucht zu bringen.
  »Hier ist sie, Herr«, sagte Svetaketu.
  »Brich sie auf.«
  »Ich habe sie aufgebrochen, Herr.«
  »Was siehst du da?«
  »Diese beinahe unsichtbaren Samen.«
  »Brich einen davon auf.«

»Er ist aufgebrochen, Herr.«

»Was siehst du dort?«

»Nichts, Herr!«

Uddalaka sagte: »Mein Sohn! Diese feine Essenz, die du dort nicht sehen kannst, aus dieser Essenz entspringt der große Banyanbaum. Glaube mir, mein Sohn! In dieser feinen Essenz hat alles, was existiert, sein Selbst. Das ist das Wahre. Das ist das Selbst. Und du, Svetaketu, bist Das!«

Das unerforschte Leben ist nicht lebenswert.
Plato

Andere zu verstehen, heißt Wissen zu besitzen;
sich selbst zu verstehen, heißt erleuchtet zu sein.
Lao-Tse

Unsere Selbstkenntnis ist unsere Schönheit, in der Selbst-Ignoranz sind
wir häßlich.
Plotin

Du kennst den Wert von allem – außer von dir selbst!
Das entscheidende Problem ist, zu entdecken, ob du wertlos oder glück-
reich bist.
Rumi

Es ist eine merkwürdige Blindheit, zu leben, ohne nachzuforschen, wer
wir sind.
Pascal

Alle christliche Religion besteht ganz darin, uns selbst kennenzulernen,
woher wir kommen und wer wir sind.
Böhme

Alles zu verstehen, außer uns selbst, ist recht merkwürdig.
Kierkegaard

Ich werde herausfinden, ob ich keine Bedeutung habe, während doch Häu-
ser und Schiffe Bedeutung haben.
Whitman

Wer wiederholt den Namen Buddhas? Wir sollten versuchen herauszufin-
den, wo dieses »Wer« herkommt und wie es aussieht.
Hsu-yun

Selbstvergessenheit ist die Quelle all unseres Unglücks.
Ramana Maharshi

8 ABSCHLUSS

ZIEHEN SIE IHRE EIGENE SCHLUSSFOLGERUNG

Genaugenommen habe ich meine Aufgabe beendet. Als Gastgeber habe ich getan, was ich versprochen hatte, und habe Sie in die großen Religionen eingeführt. Es liegt an Ihnen, sie abzuwägen, selbst mit ihnen Freundschaft zu schließen. Der wirkliche Abschluß dieses Buches muß Ihr eigener, nicht meiner sein.

Aber bevor Sie zu einer zu festen Überzeugung kommen, lassen Sie mich eine Warnung anfügen. Jedes Buch über Religion hat seine eigene Betrachtungsweise, seine eigene Tendenz. Manche werden aus einem psychologischen Blickwinkel geschrieben; andere betonen das Moralische oder den sozialen Aspekt; manche stammen von engagierten Christen, die alle Religionen von einem christlichen Standpunkt aus sehen; andere sind gegen Religion. Ich hoffe, Sie haben bemerkt, daß ich sehr *für* alle großen Religionen bin. Tendenziell bevorzuge ich nicht eine einzige von ihnen, sondern einen Aspekt von allen – den mystischen Aspekt. Der scheint mir entscheidend. Die meisten anderen Autoren stimmen damit nicht überein. Noch eine andere Besonderheit dieses Buches muß erwähnt werden: Obwohl viele Religions-Autoren darin übereinstimmen, daß wir mit der Wissenschaft handelseinig werden müssen, finden wenige in ihr (wie ich das tue) immense religiöse Inspiration. Was die Wissenschaft mir über mich sagt – Körper und Verstand und alle beobachtenden Ebenen –, ist für mich religiöse Enthüllung. Andere Autoren sind erfolgreicher im Auseinanderhalten ihrer Wissenschaft und Religion. Das sind einige der Gründe, warum Sie einiges mehr über dieses Thema lesen sollten, bevor Sie sich Ihre Meinung bilden.

Und natürlich ist das Lesen nur der Anfang. Die Absicht unserer Studie ist vielmehr, uns mit uns selbst bekannt zu machen, als Ideen und Überzeugungen anderer zu übernehmen. Durch Lesen und Zuhören und durch unser Reagieren auf andere Menschen fangen wir an, herauszufinden, was wir fühlen, was wir denken und vor allen Dingen, wer wir sind. Sie zwingen uns, unseren eigenen Verstand und unser Herz zu befragen. Und das ist das wirklich Wichtige, der endgültige Test. Wir werden auf uns zurückgeworfen, auf die tieferen Intuitionen, die nach dem Lesen auftauchen, und am Ende hören wir sogar auf zu denken und warten geduldig darauf, daß die Wahrheit – unsere innerste, profundeste Gewißheit, hervorkommt.

Im verbleibenden Teil dieses Kapitels möchte ich Ihnen erzählen, was in meinem eigenen Fall entstand. Ich habe gefunden, daß das Schreiben dieses Buches eine sehr begeisternde Erfahrung, aber auch sehr herausfordernd war; es zwang mich, meine eigene Position genau festzulegen. Es verlangte von mir, mit möglichst klaren Worten meine eigene Schlußfolgerung zu ziehen. Ich beanspruche keinerlei Autorität – somit bleiben Sie ganz frei, anderer Meinung zu sein.

WER BIN ICH?

Was will ich vom Leben haben? Wozu glaube ich hier zu sein?

Ich will herausfinden, wer ich bin, das ist alles.

Die Gelegenheit scheint zu gut, um sie zu verpassen. Als Mensch geboren zu sein, überhaupt zu existieren und nicht interessiert zu sein – was ist das für eine Verschwendung! Hier bin ich, ein eigenes »Muster«: Fragend und das, was in Frage gestellt wird, fertig in einer fertigen Verpackung. Hier bin ich, mir selbst ein vollständiges Rätsel und ein leicht zu erreichendes »Muster« dieses totalen Rätsels, des Universums. Aufgabe dieses »Musters« ist es, in sich selbst zu blicken, sich seiner selbst gewahr zu werden.

Um das zu tun, sind, so meine ich, nur zwei Dinge notwendig: Entschlossenheit und Ehrlichkeit.

Und es gibt drei zusätzliche Dinge, die, wenn auch nicht wesentlich, doch eine große Hilfe sind. Erstens, zur Ermutigung: ein Freund, der sich selbst entdeckt hat. Zweitens, für Methoden und Inspiration: Religion – die großen Religionen der Welt. Drittens, um alle Hindernisse auszuräumen: Wissenschaft.

Was das erste – einen Freund – betrifft, so wird er sich nach östlicher Tradition, zeigen, wenn er gebraucht wird. Ich hatte Glück.

Was das zweite betrifft – die großen Religionen –, nun, dieses Buch beweist, wie hilfreich ich sie alle ohne Ausnahme finde. Die Tatsache, daß es mehrere davon gibt und daß sie sich widersprechen, ist die Absicherung. Ich lasse sie ausfechten und beobachte, was übrigbleibt. Um zu entdecken, was in einer Religion wesentlich ist, vergleiche ich sie mit anderen. Und worin sie übereinstimmen, das ist für mich. Ich nenne das elementare Mystik. Es ist der Faden, der durch jedes Kapitel dieses Buches läuft und es zusammenbindet. Ohne ihn fällt alles auseinander.

Was die dritte Hilfe zur Selbst-Entdeckung betrifft – Wissenschaft –, so habe ich im vorhergehenden Kapitel gezeigt, wie drastisch sie das Beschneiden der Religion beendet. Nachdem die großen Religionen ihre Mythen, Legenden, Dogmen und Voraussetzungen unter sich gegenseitig aufgehoben haben, kommt die Wissenschaft daher und beendet die Reinigungsarbeit. Was bleibt, ist eine Mystik, die eigentlich sehr elementar ist. Sie alleine besteht alle Prüfungen, sie alleine ist ganz ehrlich und wahr.

Ich will versuchen, genau zu sagen, was ich meine.

»WER BIN ICH« IN DER AUSDRUCKSWEISE DER TRADITIONELLEN RELIGIONEN?

Nach der alten östlichen Tradition bin ich – sozusagen – eine Zwiebel. Die Außenhaut der Zwiebel ist der Körper, ihre inneren Häute sind aufeinanderfolgende Schichten des Verstandes und der Gefühle, und ihr Kern ist Nichts – Nichts außer Bewußtsein. Ich *bin* dieser Kern: Die Zwiebel ist nur, was ich *habe*. Ich bin nicht das, dessen ich gewahr bin, sondern was gewahr ist. Meine Aufgabe ist, die Zwiebel zu schälen, Haut nach Haut, bis dieser Kern des Gewahrseins enthüllt ist. Dies allein ist mein Selbst. Dies allein ist ohne Eigenschaften, unveränderbar, frei, unberührt von irgend etwas, unzerstörbar, wirklich. Das *sehen*, bedeutet erleuchtet zu sein.

»WER BIN ICH« IN DER AUSDRUCKSWEISE DER MODERNEN NATURWISSENSCHAFT?

Ich bin das, als was mich der Beobachter sieht, und das hängt davon ab, wie weit er entfernt ist. Aus drei Metern sieht er mich als Mensch. Wenn er, ausgerüstet mit verschiedenen Instrumenten, entdeckt, daß ich in Wirklichkeit aus Organen bestehe und die Organe sind wirklich Gewebe, die Gewebe sind wirklich Zellen ... Und so weiter, bis am Punkt des Kontaktes nichts da ist – keine Farbe, keine Form, keine Substanz, keine Dichte, überhaupt keine Qualität. Dann berichtet er, daß ich eine Serie sehr verschiedenartiger Erscheinungen sei, mit mindestens sieben Metern Durchmesser und mit keinem Ding, oder »Nichts«, im Zentrum. Und doch ist dieses geheimnisvolle »Nichts« die Quelle all meiner Erscheinungen für ihn.

»WER BIN ICH« JETZT IN MEINER EIGENEN ERFAHRUNG?

Ich bin nicht dieser kleine Mann (weiße Haare, Brille, blauer Schlips, dunkle Augen, die mich unverwandt anschauen) dort drüben im Spiegel, drei Meter entfernt am Tisch sitzend. Ich bin nicht diese graue Tischplatte oder dieses halb beschriebene Blatt Papier. Ich bin nicht diese beiden Hände, die linke, die das Papier festhält, die rechte, die den kastanienbraunen Füller festhält, der diese Worte schreibt. Ich bin nicht diese ausgewaschenen Ärmel, die an den Ellbogen etwas verschlissen sind und aus denen diese

Hände hervorstehen. Ich bin nicht diese Fläche der Vorderseite vom weißen Hemd mit dem blauen Farbfleck in der Mitte. Ich bin nicht dieses verschwommene, ovale Band (ich nenne es meine Brille, aber es ähnelt ihr überhaupt nicht), das meine Sicht umrahmt. Nein, ich bin nichts davon. All das ist *jenseits* des ovalen Rahmens. Ich bin, was *diesseits* ist. Und ich sehe, es ist Nichts, absolut Nichts.

Aber ich bemerke auch, weil es Nichts ist, weil es ein leerer Behälter ist, hat es Raum für diese Hände und Ärmel, dieses Blatt Papier, diese Tischplatte, diesen Teppich, diese Stühle, diesen schauenden kleinen Mann und – hinter ihm – das Fenster, den blauen Himmel, die Sonne. Ich kann nicht sehen, daß ich Nichts bin, ohne zu sehen, daß ich auch Alles bin!

DAS BIN ICH

Wissenschaft schließt alle Religionen aus – außer der Höchsten. Sie ist der schonungslose Feind von allem, das das Wesen verbirgt. Sie kann wahrhaft erleuchtend sein, wahrhaft ein Weg für den modernen Menschen – der Weg der Ehrlichkeit. Alles in der Religion, was die Wissenschaft zerstören kann, sollte die Wissenschaft zerstören – gut, daß man es dann los ist! Die Wissenschaft pellt die ausgetrockneten Zwiebelhäute ab und läßt nur den nährenden Kern intakt. Wenn sie beweist, daß alles in mir konditioniert ist, daß mein ganzes Fühlen und Denken unehrlich erworben ist, daß meine hochgeschätzten Meinungen und erhabenen religiösen (oder antireligiösen!) Überzeugungen das Produkt meiner Körperchemie und der Haltung meiner Eltern untereinander und mir gegenüber sind und von meinem Alter und Einkommen und Erziehung und Rasse und wer weiß was noch abhängen – dann gebe ich auf! Das ist der letzte Strohhalm, die Bruchgrenze, das Ende aller meiner Anmaßungen. Das ist die letzte und die schwerste Lektion, die letzte Wahrheit über mich selbst – wahrlich eine bittere Wahrheit. Auf nichts in mir ist Verlaß. Alles versagt, alles! Alles da draußen, von diesen Händen und dem kleinen

Mann da drüben im Spiegel, bis zur Sonne, dem Himmel und dem Universum selbst, mit jedem Gedanken, Gefühl und jeder Eigenschaft – alles verändert sich, hängt von anderen Dingen außerhalb meiner Kontrolle ab, ist verdächtig, korrupt, nicht wahr, verloren. Alles in und um mich läßt mich im Stich.

Verlaß ist nicht auf das, was *über* mich oder *um* mich herum ist, sondern nur auf das, was ich *bin*. Nur das, was *hier* ist, wird mich nie im Stich lassen. Das allein ist bleibend, frei, ewig, unwandelbar. Es ist Nichts, Leere, bloße Klarheit. Ja, aber es ist ein Nichts mit einem Unterschied – ein Nichts, das sich selbst als Nichts *gewahr* ist und als Alles! Das bin ich!

ANHANG 1:
EIN FALL VON ERLEUCHTUNG

Meine Freundin war (so schien es mir) eine nette, normale, fröhliche, intelligente, tüchtige Frau, gerade über Dreißig, überhaupt nicht intellektuell oder besonders religiös. Dann, ein bißchen länger als vor einem Jahr, wurde sie sich der mystischen Religion bewußt, begann Fragen zu stellen und Bücher darüber zu lesen. Immer schon geneigt, alleine zu sein, verbrachte sie noch mehr Zeit für sich. Nach einigen Wochen der Reflexion und inneren Suche, die im Laufe der Zeit intensiver wurde, verkündete H., daß sie »sah, was alles bedeutete; die ganze Sache wurde vollkommen klar«. Ich zitiere ihre eigenen Worte mir gegenüber. »Ich sehe ganz klar, daß mein Körper da drüben ist, wo ich ihn im Spiegel sehe, während mein wirkliches Selbst – absolut leer – hier an diesem Ort ist.«

Unmittelbar danach traten Ergebnisse dieser Entdeckung ein. H. war eine ganz gute Tennisspielerin gewesen: Ihr Tennis wurde plötzlich hervorragend. Sie hatte immer viel geträumt: Ihre Träume hörten plötzlich auf. Anfangs schlief sie fast gar nicht – »Ich bin zu glücklich und zu entspannt, um schlafen zu wollen, und ich brauche überhaupt wenig Schlaf, denn wenn ich weg bin, schlafe ich tief und fest.« Eines Tages, als sie ins Meer geschwommen war, verbrannte sich H. an einer großen Nesselqualle und glaubte wegen der starken Unterströmung nicht mehr in der Lage zu sein, zurückzuschwimmen. Sie hatte überhaupt keine Angst und kam irgendwie »ohne jede Mühe oder Plan« ans Ufer. Sie erklärte, wie eine neue und unglaublich herrliche Welt sich um sie herum öffnete. Nicht nur Kinder und Blumen und Bäume und Wolken und andere »schöne« Dinge erschienen in einem außergewöhnlichen Glanz, sondern ebenso auch »häßliche« Dinge, einschließlich Müll und herumliegendem Abfall aller Art. Farben erglühten mit merkwürdiger Intensität, z. B. Straßenlichter und ihre Reflektionen in den Seitenflächen der Autos – sie konnte nicht verstehen, wie sie diese Wunder vorher übersehen hatte. Alle gewöhnlichen Dinge und alltäglichen Tätigkeiten wurden zu Wonne. Nichts war mehr gleichgültig oder langweilig. H. s Arbeit, die sie immer gut verrichtete, war jetzt noch besser und in einem Drittel der Zeit getan. »Sie erledigt sich einfach von selbst«, war ihre Erklärung. Ihre Stimmungen glichen sich aus, sie wurde gleichbleibend glücklich. Die Menschen merkten das und fingen an zu fragen, was passiert wäre, was ihr Geheimnis sei. Für H. sahen sie ganz anders aus, sie erkannte Schwächen viel klarer und auch gute Eigenschaften – »Man sieht Menschen, wie sie wirklich sind.«

H. s egoistische Tendenzen – ihr Ärger und Stolz und ihre Ablehnung – erlitten einen gewaltigen Schlag. Ihr »Ego« kann sich noch plötzlich, aber jetzt seltener zeigen, und wenn es das tut, merkt sie es sofort. Ich entdeckte, daß sie fast über Nacht mit dem schwierigen Land der spirituellen Religion perfekt vertraut wurde. Sie verstand die kompliziertesten Bücher über Mystik, die ich ihr lieh, und konnte augenblicklich unterscheiden, was in ihnen wichtig oder trivial war.

Ein Ergebnis dieser neu entdeckten Weisheit war, daß sie nicht in der Lage war, unter allen großen Religionen eine auszuwählen, im Grunde erschienen ihr alle wahr. Vor allem wurde sie zielgerichtet, ohne irgendwelche anderen Wünsche oder Interessen, für sie gab es nur diese eine Sache, die dessenungeachtet alles enthielt. Und diese Konzentration ist beileibe nicht schwächer geworden, sondern hat sich im Gegenteil bisher weiter verstärkt.

Drei Jahre lang vor den eben beschriebenen Ereignissen arbeitete ich Seite an Seite mit H. Und während des letzten Jahres verbrachten wir täglich im Durchschnitt eine Stunde oder zwei zusammen. Während dieses Jahres hat sie mich über sich selbst ständig informiert. Ich habe ihr diese Beschreibung von dem, was ihr passierte, gezeigt, und sie hat deren Richtigkeit bestätigt. Ich habe sie auch gebeten, in einem oder zwei Sätzen zu sagen, was ihrem Gefühl nach die eigentliche Erklärung für den Wandel in ihr ist und wie er sich anfühlt. Hier ist, was sie schreibt: »Mit dem Sehen, wer ich bin, kommt Freiheit und eine Fähigkeit, natürlich und vollständig zu leben, immer das zu genießen, was hier und jetzt in diesem Augenblick gegeben ist. Es gibt nur die Gegenwart, keine Vergangenheit oder Zukunft.«

Eine letzte Sache: Das ist natürlich kein Fall von Satori oder einer Erleuchtung im Sinne des Zen. Die plötzliche, überwältigende Krise des Satori, die sich aus der Zen-Methode des mehr oder weniger künstlichen Spannungsaufbaus ergibt, trat nicht ein: Der Vorgang war sanfter und verteilte sich über ein paar Wochen. Er war außerordentlich *natürlich*. Und jetzt würde man sagen, daß H. wahrhaftig normaler ist als je zuvor. Es gab an der ganzen Sache nichts Spektakuläres oder Merkwürdiges. Sogar in einem solchen Maße, daß einer mit rigiden und voreingenommenen Vorstellungen über Erleuchtung fragen könnte, ob sie tatsächlich eingetreten sei. In der Tat gibt es kein Standardmuster. Erleuchtung ist für jeden die gleiche, aber die Art und Weise ihres Eintretens variiert unendlich.

Nur wenn ihre volle Bedeutung erkannt worden ist und sie bis zur Gewohnheit eingeübt wird, ist die eigene Erleuchtung ganz wirksam. »Sehen« ist aber wie Schwimmen; wenn man es kann, kann man es wieder tun – und eines Tages könnte man es vielleicht sehr brauchen. Um die Anfangserfahrung zu machen, ist weder moralische Reife noch vorangegangenes religiöses Interesse wesentlich, und sogar schwergestörte Jugendliche waren in der Lage, zu sehen und in ihrer inneren Klarheit Heilung zu finden. Hier liegt auch eine konstruktive Antwort auf den Drogenkonsum: Alle positiven Wirkungen (wirklich oder erhofft) einer Droge – verstärktes Empfindungsvermögen, Entspannung, Offenheit, Liebe – sind durch das »Sehen« erreichbar und noch viel mehr, legal und sicher. Nicht, daß diese Wirkungen gesucht werden sollten; nur das »Sehen« selbst (das, wenn die eigene Abwesenheit lediglich vorgestellt wird, ganz dumm und unmystisch ist), kann durch eigene Arbeit erreicht werden. Die mystischen Früchte brauchen ihre eigene Zeit zum Reifen. Charakteristischerweise, wie bei H., gibt es am Anfang eine abwechslungsreiche Ernte, auf die bald eine uninteressante und freudlose Zeit folgt. Denn es ist nicht leicht, einen Vorgeschmack auf die nackte Wahrheit zu erwerben, auf die eigene totale Armut, aus der allein zur rechten Zeit unbegrenzte Reichtümer erwachsen.

ANHANG 2:
EMPFOHLENE LITERATUR

Bücher mit der Kennzeichnung + sind vergleichsweise leicht zu lesen. Die mit dem Kennzeichen * finde ich besonders wertvoll. Huxleys *Die ewige Philosphie,* eine Goldmine glänzender Zitate, ist unerläßlich – ein Buch zum Kaufen, das einmal im Jahr oder alle zwei Jahre gelesen werden sollte. Wenn Sie tiefer in die Methode der Selbst-Suche gehen wollen, die am Schluß beschrieben ist, könnten Sie mein *Zen, oder die Wiederentdeckung des Offensichtlichen* (Sphinx) versuchen, und wenn das gefällt, *The Trial of the Man who said he was God* (Penguin) und *Das Buch von Leben und Tod (Sphinx).*

Juan Mascaro (tr.), *The Bhagavad Gita,* Penguin.

K. M. Sen, *Hinduism,* Penguin.

* Shree Purohit and W. B. Yeats, *The Ten Principal Upanishads,* Faber.

* Sri Nisargadatta Maharaj, *I Am That,* Chetana. (dt. *Ich bin,* Context).

A. R. Natarajan (ed), *Teachings of Ramana Maharshi: An Anthology,* East-West Publications.

Christmas Humphreys, *Buddhism,* Penguin. (dt. *ZEN Buddhismus,* Barth).

Walpola Rahula, *What the Buddha Taught,* Wisdom Books. (dt. *Was der Buddha lehrte.* Origo).

* John Blofeld (ed.). *The Zen Teaching of Huang Po,* Buddhist Society.

+ Eugen Herrigel, Zen in the Art of Archery, Penguin. (dt. *Zen in der Kunst des Bogenschießens,* Barth).

Alan Watts, *The Way of Zen,* Penguin. (dt. Zen – *Tradition und lebendiger Weg,* Zero).

* D. T. Suzuki, *The Zen Doctrine of No-mind*, Weiser. (dt. Muschin: *Die Zen-Lehre vom Nichtbewußtsein,* Barth).

Chogyam Trungpa, *Cutting Through Spiritual Materialism*, Shambhala. (dt. *Spirituellen Materialismus durchschneiden*, Theseus).

Stephen Levine, *A Gradual Awakening*, Anchor Books. (dt. *Schritte zum Erwachen*, Context).

Dhiravamsa, *The Dynamic Way of Meditation*, Crucible.

Lao Tsu, *Tao Te Ching* (tr. Gia-Fu Feng und Jane English), Wildwood. (dt. Lao Tse, *Tao Te Ching*, Diederichs).

Isidore Epstein, *Judaism*, Penguin.

+ St. Augustine, *Confessions*, Penguin. (dt. *Aurelius Augustinus, Confessiones*, Aschendorf)

* M. O'C. Walshe (tr.), *Meister Eckhart*, Element.

+ John Osborne, *Luther*, Faber. (dt. *Luther*, Fischer.)

* Attar, *The Conference of the Birds*, Penguin. (dt. *Vogelgespräche*, Ansata).

R. A. Nicholson, *The Mystics of Islam*, Penguin.

John Moyne and Coleman Barks (tr.) *Open Secret, Versions of Rumi*, Threshold Books.

* R. A. Nicholson (tr.), *Rumi, Poet and Mystic*, Oneworld.

+ Arthur Osborne, *The Incredible Sai Baba*, Sangam.

F. C. Happold, *Mysticism*, Penguin.

* Evelyn Underhill, *Mysticism*, Oneworld. (dt. *Mystik*, Reinhardt).

* Aldous Huxley, *The Perennial Philosophy*, Flamingo. (dt. *Die Ewige Philosophie*, Steinberg).

Fritjof Capra, *The Tao of Physics*, Flamingo. (dt. *Das TAO der Physik*, Scherz-Barth).

H. I'A. Fausset, *The Flame and the Light*, Theos.

Eli Jaxon-Bear

Lied der Freiheit

Wie erklärt man mit Worten Das, was unser Verstand nicht fassen kann?

Jeder Mensch hat Augenblicke erlebt, in denen ihn DAS berührte, was eindeutig größer war als er selbst und die Summe seines Lebens.

Der Anblick eines neugeborenen Kindes,
die Farben eines Sonnenuntergangs,
die Klänge einer Symphonie,
eine tiefe Meditation
oder die Augen des Geliebten.

Ohne es auch nur annähernd erklären zu können, dehnt sich in solchen Augenblicken unser Bewusstsein über alle uns bekannten Grenzen hinweg aus. Vielleicht nur für eine Zehntelsekunde gibt es kein kleines Ich, keine Trennung, keine Angst. In dieser kurzen Zeit tauchen wir in ein tiefes Gefühl von Glück und Zuhausesein ein, das uns von allen Zweifeln und Leiden unseres Lebens befreit. Ein Moment tiefster Klarheit, der unser normales Leben wie einen Traum erscheinen lässt.

In diesen Augenblicken *wissen* wir – jenseits unserer Gedanken. Weit, weit jenseits der Fähigkeit unserer Worte ertönt in unserem Herzen dann das *Lied der Freiheit*.

Das *Lied der Freiheit* ist für all jene, die bereit sind, es mit ihrem Herzen zu hören und darauf zu antworten.

Nach achtzehnjähriger spiritueller Suche trifft der bekannte Therapeut Eli Jaxon-Bear 1990 in Indien seinen letztendlichen Lehrer, Shri Poonjaji. Im Angesicht seines Meisters erkennt Eli sein wahres Selbst. Seitdem ist Eli als spiritueller Lehrer in vielen Ländern der Welt tätig. Das Geschenk seines Wirkens ist die klare Synthese von westlicher Psychologie und der Erfahrung von Nicht-Dualität.

202 Seiten, Halbleinen ISBN 3-925898-79-4

Lüchow
Lüchow Verlag, Freiburg

Raphael

Jenseits des Zweifels

Von Zweifel und Unsicherheit gequält ist der Mensch, da er seine wahre Natur vergessen hat: die Vollkommenheit und Glückseligkeit. Umgeben von einer Welt, die sich als widersprüchlich und vergänglich erweist, sucht er umherirrend einen »Leuchtturm«, der ihn retten kann, einen »Wegweiser«, der ihn aus dem Zweifel zur Gewißheit des *Seins* führen kann. In *Jenseits des Zweifels* tritt Raphael mit Menschen, die »auf der Suche« sind, in einen Dialog über Fragen, die sie existenziell betreffen.

Der Leser wird angeregt, in sich selbst den Weg wiederzufinden, der ihn »jenseits des Zweifels« führen kann.

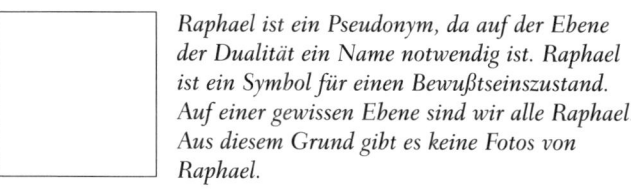

Raphael ist ein Pseudonym, da auf der Ebene der Dualität ein Name notwendig ist. Raphael ist ein Symbol für einen Bewußtseinszustand. Auf einer gewissen Ebene sind wir alle Raphael. Aus diesem Grund gibt es keine Fotos von Raphael.

Raphael gilt als ein europäischer Meister des indischen Advaita Vedânta, der Lehre der Nicht-Dualität. Als Mittler zweier Welten machte er durch Übersetzungen und Publikationen dem Westen östliche Betrachtungsweisen zugänglich. Heute lebt Raphael zurückgezogen in der von ihm gegründeten Einsiedelei in der Nähe von Rom.

173 Seiten, Halbleinen ISBN 3-925898-76-X

Lüchow
Lüchow Verlag, Freiburg

...wege zu Gott – leben aus der Liebe...

Herausgeber: Benjamin Shield und Dr. Richard Carlson

192 Seiten · kartoniert DM 28,–
ISBN 3-925898-10-7
Mit einem Geleitwort von G. Jampolsky.

...wege zu Gott – leben aus der Liebe... ist eine herrliche Sammlung neuer Beiträge, die die spirituelle Renaissance des ausgehenden zwanzigsten Jahrhunderts wiederspiegelt. Shield u. Carlson, die Herausgeber, haben mit diesen sechsundzwanzig Essays eine reiche Vielfalt spiritueller Weisheit zusammengetragen. Bekannte Persönlichkeiten der ganzen Welt äußern sich über ihre persönliche Beziehung zu Gott; sie bieten Denkanstöße und geistige Nahrung für das innere Wachstum. Mit Beiträgen von: **Dalai Lama, Mutter Theresa, Thich Nhat Hanh, Ken Keyes Jr., David Steindl-Rast, Shakti Gawain, Brooke Medicine Eagle, Matthew Fox, Anne Wilson Schaef, Jean Shinoda Bolen, Sri Kriyananda u. a.**

„Manche empfinden den Begriff »Gott« als einengend, andere gebrauchen ihn gar nicht. Doch die Worte Seiner Heiligkeit des Dalai Lama – in dessen Beitrag das Wort »Gott« nicht auftaucht – bewegten mich ebenso wie die Aussagen anderer, die über Gott schrieben. Die Schlichtheit der Bemerkungen Seiner Heiligkeit über das Üben von Freundlichkeit, Mitgefühl und Toleranz in unserem Leben, über die Harmonie zwischen unserem Herzen und unserem Denken sowie über die Wichtigkeit unserer spirituellen Ernährung spricht unmittelbar zum Kern unserer Seele."

G. Jampolsky

Douglas E. Harding · Die Weltreligionen